岭南文化书系

潮汕文化丛书

潮汕文化精神

陈晓东　适　庐　著

暨南大学出版社
JINAN UNIVERSITY PRESS
中国·广州

图书在版编目（CIP）数据

潮汕文化精神/陈晓东，适庐著. —广州：暨南大学出版社，2011.8（2022.3 重印）
（岭南文化书系·潮汕文化丛书）
ISBN 978-7-81135-911-4

Ⅰ.①潮… Ⅱ.①陈…②适… Ⅲ.①文化精神—潮州市②文化精神—汕头市 Ⅳ.①G127.654

中国版本图书馆 CIP 数据核字（2011）第 137839 号

潮汕文化精神
CHAOSHAN WENHUA JINGSHEN
著者：陈晓东　适　庐

出 版 人： 张晋升
责任编辑： 张仲玲　武艳飞
责任校对： 吴彩珍　周明恩
责任印制： 周一丹　郑玉婷

出版发行： 暨南大学出版社（510630）
电　　话： 总编室（8620）85221601
营销部（8620）85225284　85228291　85228292　85226712
传　　真：（8620）85221583（办公室）　85223774（营销部）
网　　址： http：//www. jnupress. com
排　　版： 广州市天河星辰文化发展部照排中心
印　　刷： 广州一龙印刷有限公司
开　　本： 787mm×1092mm　1/16
印　　张： 13.125
字　　数： 220 千
版　　次： 2011 年 8 月第 1 版
印　　次： 2022 年 3 月第 4 次
定　　价： 66.00 元

岭南文化书系·前言

五岭以南，素称岭南，岭南文化即岭南地区的人民千百年来形成的具有鲜明特色和绵长传统的地域文化，是中华文化的重要组成部分。由于偏处一隅，岭南文化在秦汉以前基本上处于自我发展的阶段，秦汉以后与中原文化的交流日益频繁。明清以至近代，域外文化不断传入，西学东渐，岭南已经成为传播和弘扬东西方文明的开路先锋，涌现出了如陈白沙、梁廷枏、黄遵宪、康有为、梁启超、孙中山等一大批时代的佼佼者。在20世纪70年代末开始的改革开放的浪潮中，岭南再一次成为试验田和桥头堡，在全国独领风骚。

在漫长的发展过程中，岭南文化形成了兼容、务实、开放、创新等诸多特征，为古老的中华文化的丰富和重构提供了多样态的个性元素和充沛的生命能量。就地域而言，岭南文化大体分为广东文化、桂系文化、海南文化三大板块，而以属于广东文化的广府文化、潮汕文化、客家文化为核心和主体。为了响应广东省委、省政府建设文化大省的号召，总结岭南文化的优良传统，促进岭南文化研究和传播的繁荣，在广东省委宣传部的指导和大力支持下，暨南大学出版社组织省内高等院校和科研机构的专家学者编写了这套《岭南文化书系》，该书系由《广府文化丛书》、《潮汕文化丛书》及《客家文化丛书》三大丛书共30种读本组成，历史胜迹、民居建筑、地方先贤、方言词曲、工艺美术、饮食风尚无所不有，试图从地域分类的角度完整展现岭南文化的风貌和精髓。在编写过程中，我们力图做到阐述对象的个性与共性相统一，学术性与通俗性相结合，图文并茂，雅俗共赏。我们希望这30种图书能够成为介绍和宣传岭南文化的名片，为岭南经济和文化建设的再次腾飞提供可资借鉴的精神资源。

需要说明的是，本书系曾获批为2009年度“广东省文化产业发展专项资金”资助项目，在项目申报和丛书编写过程中，广东省委宣传部的领导多次给予指导，并提出了许多宝贵的意见；中山大学、华南理工大学、华南师范大学、广州大学、韩山师范学院、佛山科学技术学院、韶关学院、嘉应学院以及暨南大学的有关领导和专家学者也给予了大力支持和帮助，在此我们一并致以诚挚的谢意！

《岭南文化书系》编委会

2011年6月18日

目　录

绪 论

位于广东省东部的汕头、潮州、揭阳和汕尾四市，统称为潮汕地区，居住在这个地方的人（包括籍贯在此的人）被称为潮汕人。他们拥有独特的方言、与众不同的生活方式和行为方式。在外人看来，他们拥有精明、迷信、勤劳、排外、愚昧、开放、谦虚、善良等多重品质特征，他们是那样的独特而又充满魅力。

本书试图通过对这个被著名作家雷铎称为“中国第 57 个民族”的族群的文化精神的分析，进而还原一个真实的潮汕，还原一群真实可感的潮汕人。

第一节　关于潮汕文化精神

一、潮汕文化精神的相关概念

（一）潮汕人

古代，潮汕地区一直被称为潮州，包括潮州、揭阳、潮阳、饶平、澄海、普宁、惠来和今天梅州市的丰顺县，古称“潮州八邑”，直到今日，海外潮人会馆组织仍在沿用“潮州八邑会馆”的称呼。1860 年 1 月 1 日后，汕头崛起并逐渐取代潮州成为该区域的政治经济文化中心，潮汕这个区域概念由此生成，至今不过一百多年。中华人民共和国成立后，今天汕尾市的海丰、陆丰两县从行政区域上划归潮汕，成为潮汕的一部分。[1] 关于潮汕人的定义，又可分为狭义的潮汕人和广义的潮汕人。

---

① 梅州在宋代的一个时期属于潮州管辖，明至清雍正年间，程乡县及后来设立的大埔、平远、镇平（现属梅州）俱属潮州府管辖，雍正年间在程乡县基础上成立嘉应州，程乡、平远、镇平归其管辖，而大埔和后来成立的丰顺县到新中国成立后才归属梅州地区（后为梅州市）管辖。

1. 狭义的潮汕人

狭义的潮汕人是指今天居住在汕头、潮州、揭阳和汕尾的操潮汕方言的四个地级市的共 1 676.03 万居民。其中，汕头 510.73 万人，潮州 257.89 万人，揭阳 649.11 万人，汕尾 258.3 万人。[①]

汕尾市由于历史上长期被划入惠州区域，中华人民共和国成立后才归汕头管辖，在 20 世纪 80 年代又最先脱离汕头而独立，因而笔者在行文叙述中，所使用的数据很多仅包括目前的潮汕三市（汕头、潮州和揭阳）。

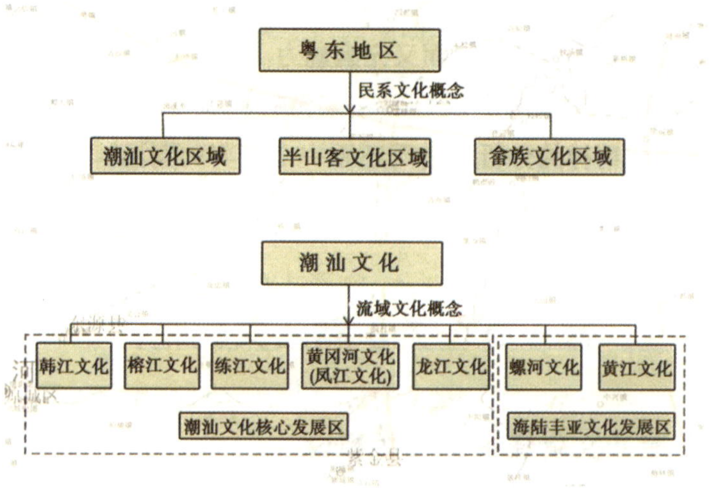

潮汕文化图谱

沈陆澄先生绘制的潮汕文化图谱非常直观地说明了潮汕内部的文化划分。在这个图谱中，韩江流域的潮州、澄海与榕江流域的揭阳、揭西，练江流域和龙江流域的潮阳、普宁、惠来，黄冈河流域的饶平，其人文特征有很大的差异性。其中，螺河和黄江流域的文化差异更为显著，构成了潮汕文化的海陆丰亚文化发展区。这些区域都拥有共同的语言——潮汕话，拥有共同的文化信仰如三山国王、妈祖等，拥有共同的生产生活方式。（图片提供：沈陆澄）

2. 广义的潮汕人

广义的潮汕人包括狭义的潮汕人，还包括潮汕籍的国内外移民和潮汕客家人。

---

① 广东统计年鉴 2010。

（1）潮汕籍的国内外移民是潮汕地区重要的人口组成部分。

一直以来有一种公认的说法，即本土有一个潮汕，海内有一个潮汕，海外还有一个潮汕，人口规模相近，都是1 000万人。据中国大百科全书出版社出版的《潮汕百科全书》所载，海外的潮州人有1 000万。但是，近年来，这个数量正在发生较大变化。由于新中国成立后向国外移民的潮汕人急剧减少，海外华侨对本地的影响也正在逐渐降低。而本地潮汕人口却迅速增长，已经超过1 400万人。20世纪90年代末之后，由于潮汕本地经济发展受阻，出现新一轮的国内移民潮，潮汕精英迅速向国内经济热点地区转移，海内移民人数大幅增加。特别是近几年，潮汕，特别是中心城市汕头与全国全省的经济差距越来越大，擅长流动的本土潮汕人便大规模流向全国各大城市，并取得了辉煌业绩，海内潮人对潮汕本土的影响力迅速增强。

潮汕移民是潮汕文化的重要组成之一，他们和居住在本土的潮汕人一样有着共同的信仰、价值观和生活方式，共同创造了潮汕的物质文明和精神文明。一直以来，他们中的优秀分子都是潮汕人的精英，在当代，其中的潮商部分更是构成了潮汕精英的主体。如果回避了这一事实，就无法真正理解潮汕文化精神，因此，在本书的叙述中，他们甚至常常成为叙述的重点。

（2）虽说“潮、客”二家一直矛盾重重，但潮汕地区居住的客家人绝非少数。

历史上，潮州包括今天梅州市的丰顺、大埔。汕尾市在地理位置上属于粤东，其语言文化与潮汕有着千丝万缕的联系，属于潮汕文化的过渡区域，这片区域的客家人也不少。另外，潮汕其他县区中，除澄海外其他县都有客家人杂居其中，潮汕人称之为“半山客”。

> 在中华人民共和国成立前，汕头四大公司南生、广发、平平、振源都是客家人开设的，潮汕铁路和几大报纸也都为客家人所建设和创办，（时任）市长李国俊也是客家人。[1]

潮汕文化作为一个历史概念，自然无法回避曾经在潮汕大地上创造了大量文明成果的客家人。

---

① 陈楚金．寻找老汕头四大百货公司的踪迹．汕头特区晚报，2010－06－18

此外，由于潮汕文化本身既是岭南文化的一部分，也是闽南文化的延伸，因此，在对潮汕文化精神进行叙述时，我们将不可避免地涉及闽南文化。

（二）潮汕文化以及潮汕文化精神

1. 潮汕文化

我们所说的潮汕文化是指由潮汕人在社会历史发展过程中所创造的物质财富和精神财富的总和，特指精神财富，如潮汕在长期融合、发展中产生的文学、艺术、教育、科学领域的成果。[1]

2. 潮汕文化精神是潮汕人集体人格的体现

文化可以分为物质文化和精神文化。文化精神是指文化中不包括物质的精神部分，即精神文化。文化精神是基于完整的文化内涵而概括提炼出来的带本质性的东西，它类似于人物画中所传达的人物神气，是指族群文化的深层部分，是文化的精髓和灵魂。正如著名心理学家荣格说的，“文化的最终成果是人格”。我们要探讨的潮汕文化精神正是潮汕人的集体人格及其内在构成。

因此，我们对潮汕文化的描述及从中细绎出的潮汕文化精神特征都以潮汕人的集体人格为观察点和归结点。这也就是为什么我们在论述时，不过多地停留在器物层面上，而更多地把器物和现象背后的、本质的东西抽象和提炼出来。我们认为，要认识人，认识潮汕人这个族群的本质，关键在于把握其精神性格。要让一个族群获得自觉、得以振兴，首先应使其人格精神健全起来。因此，我们把关注点集中在对潮汕族群的集体人格的探索过程上，并以此为着眼点，探索如何完整地建构出潮汕人的集体人格。其最终目的就是要实现对潮汕文化精神的扬弃，克服文化精神中消极的东西，弘扬其中的积极因素，以实现潮汕人的文化自觉，从而有利于推动潮汕地区的可持续发展。

3. 活着的传统

我们所理解的传统，是从历史上一脉相承而来且至今依然生机勃勃并发挥着深刻影响力的那些生活、思维和行为习惯。它们与由当代

---

① 中国社会科学院语言研究所词典编辑室. 现代汉语词典. 商务印书馆（第五版），2005

生活所激发出来的新鲜活泼、丰富多彩的思潮和风尚一起，构成了潮汕文化的当代形态。我们力图整体把握正在不断生长变化的当代形态，从中寻求符合当代发展规律并促进潮汕族群不断发展的文化力量，也就是我们当下亟须建构的潮汕文化精神。

（三）对潮汕文化精神的一点说明

虽然，正如中山大学陈春声教授在《广东发展史》中所言：

> 一旦试图把日常生活的感觉归纳为理性的简洁的概念，就一定会出现反例，一定包含了错误。差不多以往的研究者归纳出来的岭南文化的特质，都不是广东人独有的习惯。①

这种判断同样适用于我们所概括出来的潮汕文化精神。但是，人类总是从相对的场域中对对象进行观察、分析和概括，以求得到尽可能准确完整的把握，而一落实于文字，却又不可避免地落入文字的陷阱。为了让读者了解潮汕人这个族群的集体人格，我们不惮蹈险，从潮汕文化精神的整体中概括出五个主要特征：上善若水的生存智慧，义利并重的价值取向，挑战权威的求实勇气，敬神乐生的生命意识，人情至上的生活态度。笔者自觉，这种概括把潮汕文化精神从整体拆分成相对独立的五个特征，势必不同程度地影响读者对文化精神的整体把握。当然，这也是笔者学识之所限，先在此致歉。

二、本书的立场

（一）批判的精神

我们对潮汕文化精神的探讨，并不是单纯为了向外宣传潮汕文化的优良传统，我们力图通过大量现象性的东西去揭示潮汕文化深层次的本质属性，即潮汕文化精神，让潮汕文化精神更客观地呈现在读者面前。这些精神是如何形成的？当下，它们如何对我们发挥作用？会对我们造成怎样的影响？它们怎样才是良性发展？为此，我们虽然也需先厘清潮汕文化精神形成和发展的基本脉络，但在此方面潮学研究的前辈们已经做了大量工作，他们取得的成果是我们认识潮汕文化源

---

① 广东省委宣传部．广东学习论坛报告选．广州：广东人民出版社，2006

流的宝贵资源，这些成果使我们得以更多地站在现实的角度，特别是从经济社会发展的角度，从今天潮汕社会发展的得失成败中去探讨潮汕文化精神。站在这个历史节点上，我们所看到的潮汕社会，虽然纵比有了很大的进步，但横比仍为大多数潮汕人所不满。潮汕各市的经济社会建设取得的成就与存在的问题都与潮汕文化精神有着深层的联系，尤其是其中体现出来的诸多无法回避的问题，其背后都有深刻的文化原因。这些现象都促使我们更清醒地去面对我们的文化本身，并分析其优劣短长。在叙述潮汕文化精神时，我们始终不敢沾沾自喜，始终保持对潮汕文化精神的警惕之心，始终秉持着一种内省的批判精神。正如杜经国老师所说：

> 像一切事物都有它的两面性一样，任何地方文化，都有它的优与劣、长与短、正面与负面、精华与糟粕，而且两者往往交织在一起，难解难分，不是泾渭分明，难以轻易取舍。潮汕文化当然也不例外。要弘扬它的优良传统，首先必须进行全面认真的研究，分清哪些是优良传统，哪些不是。[①]

（二）站在当下，着眼未来

从古代的潮州文化到近现代以来的潮汕文化，潮汕文化一直在不断地演化融合、不断地生长变化。由于潮汕地域上相对封闭的特点与长期存在的城乡二元结构，使潮汕文化中的传统形态得以固守一方。但在当前全球化、区域化、一体化的时代，潮汕传统文化同样受到空前的挑战，面临着急剧变化的压力。如今的潮汕，城市化、工业化进程正在快速推进，习惯于精耕细作的潮汕人正大量走进城市，生活方式、生产方式和社会组织形态更加商业化，从近代汕头开埠以来所形成并辐射周围的现代文化形态正在加速蜕变。

我们既想从传统中汲取前进的力量和资源，又希望从当代社会的发展规律和人类的普世价值的启发下，探寻对于潮汕文化的改造之路，以完善潮汕族群的集体人格。

---

① 杜经国．潮学研究·发刊词．潮学研究（1）．汕头：汕头大学出版社，1993

第二节　潮汕地区的地理气候与生产方式

一、潮汕地区的地理位置

潮汕地区地处广东东部，北接梅州市，西邻汕尾市和惠州市，东连福建省漳州市，南濒南海，北回归线横贯其中部。

二、潮汕的地形、河流与气候特征

（一）地形

潮汕的地势西北高而东南低，东面闽粤交界处是武夷余脉福州山；北面是高峻的凤凰山、笔架山、大北山；西面为南阳山系，峨嵋嶂山，山脉丘陵绵延起伏。发源于山区的大小河流顺着山势，向南流入南海。东南瀚海连天，形成一个内陆较为封闭且有绵长海岸线的地理小区域。这种地形地貌特征对潮汕文化的形成起着相当大的作用。[①]

潮汕地处祖国南端海滨的一个小流域，东西北三面都是山，背朝大陆，面向海洋。区域内的韩江、榕江、练江、凤江等水系冲积形成潮汕平原，面积为3 000多平方千米，约占本地区总面积的1/3，其他地区的山地和丘陵占2/3。平原上河道密布，沟渠纵横，灌溉发达。

（二）河流

潮汕水系发达，河流众多。在潮汕三市一万平方公里的地域上就有三十多条河流，而且河流皆流量大、汛期长，受地形的影响，总体上呈由北向南流动之势。汕头号称三江并流之地，潮汕的三大水系——韩江、榕江、练江均在汕头汇集出海。

1. 韩江水系

韩江是潮汕平原的干流，韩江原名员水，后为纪念韩文公而改名韩江。韩江全长约470千米，流域面积三万多平方千米，梅州大埔三河坝以下始称韩江。三河坝以上为上游，三河坝以下至潮州竹竿山为

① 黄挺. 潮汕文化源流. 广州：广东高等教育出版社，1997

中游，有凤凰溪等大小支流二十余条汇入，竹竿山以下为下游。韩江到竹竿山后，分成三条支流：即西溪、东溪和北溪，江面宽度大多超过500米，西溪最宽处达900米。西溪上段在潮州境内南流，下段呈扇状分流，又分成梅溪、外砂河（为韩江本流）和新津河，分别在汕头市区入海；东溪在仙美村，溪口又分两支：一南行为莲阳河，一偏北行为东里河，分别于北港和东里港入海；北溪则入澄海，后汇入东里河入海。韩江下游到处是引韩工程，形成自流灌溉，脉络四通八达。在汕头市，我们可以看到五条如练般清澈美丽的大河在城市中间横贯而过，这一天赋景观是全国其他城市所少见的。

韩　江

韩江是潮汕地区的母亲河，发源于广东省紫金县的七星崇。在梅州市大埔县境内，汀江、梅江、梅潭河三水在此汇合而成韩江，向下流入潮州市。三河坝虽只是一座小城，但历史上这里是潮汕联结内陆的交通要道，曾经是明清时期地跨福建、广东、江西的盐运枢纽。史家有“得此控闽赣，失此失潮汕”之说，自古是兵家必争之地。如今韩江流域生态保护良好，天蓝气清，韩江水清澈明净，两岸风光如画。（摄影：张明晖）

2. 榕江水系

榕江是潮汕第二大河，长210千米，流域面积4 700多平方千米。以南河为主干，与北河分绕榕城（两河近处开运河贯通）至炮台双溪嘴会流，形成大河围城的壮观景象。古代的榕城，是一个处处有水流的地方，称得上是真正的水乡。如今的榕城已经获国务院批准，被正式命名为“中国水城”。流域内有丰顺、揭阳、普宁、潮阳四地；北河在丰顺县境内称“汤溪”。南流至汤坑，经新铺入揭阳，再向东经曲溪后至双溪嘴。汇流后的榕江向东南流至汕头港入海。榕江水量丰富，深度超过韩江等其他河流，榕城北河水深6米，曲溪水深达9米。榕江流域同样沟渠纵横，灌溉便利。

3. 练江水系

练江贯穿普宁、潮阳，长 92 千米，流域面积 1 336 平方千米。源头在普宁县境内的寒妈水库，经大坝向西南注入白坑湖，再向东南流至桥柱石港山下分成两支：一支自东流入潮阳溪口，一支从东北流至玉窖后与桂江汇合流入潮阳，在流西渡与溪口汇流。东行的一支横贯潮阳中区至和平出石龟山，汇合大小支流成龟头海，然后继续南流在海门入海。古代的练江水系非常发达，普宁潮阳人经练江进入榕江往汕头湾非常方便，并产生了如贵屿等诸多著名的古码头。现在由于径流量逐年减少以及污染等原因，练江水系已失去了河流的基本功能。

4. 其他水系

除了韩江、榕江、练江之外，还有饶平的凤江（黄冈河），惠来的龙江，揭阳的卅岭水、灰寨水，潮州的中离溪、峙溪、凤凰溪以及普宁的洪阳河等很多中小河流。这些河流大都独立发源于本地北部山区，在本土向南流入大海，水质都很好。

汕头市是全国唯一一座有五条清澈的大河从市区穿越而过并拥有内海湾的城市。我们着重介绍潮汕的河流，因为这与潮汕人的文化精神有着极大的关系。一方面，正是由于面临浩瀚的大海和纵横交错的河流，才培养了潮汕人与水亲近的禀性，潮汕人的水性和海洋性特征也才那么明显；另一方面，这些在潮汕大地上川流不息的河流在今天已成为一座城市的宝贵资源，但在古代则是人们交通往来的障碍，不仅影响到当地人民的生产生活，更是直接影响到这个地方的政治、经济、文化面貌。至今，在潮汕内部，局部的文化差异仍然很大。澄海、潮州作为韩江流域的中心，是潮汕文化的中心区，其语言较为温和柔顺，传统文化积淀更为深厚一些；潮阳、普宁、惠来在练江流域，其语言文化风格较为雄浑粗犷；揭阳、揭西在榕江流域，其文化特点介于两者之间，较为中和；而汕尾则已经处于潮汕文化的边缘区域了。

但是，即使是在同一个县、同一个镇，在大小河流的两岸，在山区与平原，语音习俗也都有不小的差异，文化的非均质性特征表现得非常明显，各县语言差异很大。例如，在潮汕内部，很多潮州人、澄海人听不懂潮阳人和惠来人说话并不奇怪；在汕头市区，北区的人听不懂南区的人说话也属正常。如果不了解潮汕文化内部存在的极其复杂的分化，就难以理解潮汕文化精神的全貌。

（三）气候

潮汕地区属亚热带季风气候区，终年温暖，既无严寒，也无酷暑，阳光充足，雨量充沛。常年平均日照 1 800 ~ 2 300 小时，年平均气温 21℃ ~ 22℃，常年平均降雨量 1 300 ~ 1 900 毫米，特别适合人类居住。

三、潮汕地区的生产方式

潮汕地区三面背山，一面朝海。地形特点造就了潮汕人独特的生产方式：一方面，在土地肥沃、灌溉发达、水热条件极好的 3 000 多平方千米的冲积平原上，发展了发达的农业技术，这里早在宋代就是稻米的输出地。16 世纪以后，由于人口过快增长，潮汕地区开始成为一个人多地少的地方。近代以来，人地矛盾更加突出。今天，汕头人均耕地面积只有 0. 15 亩，潮州人均耕地面积 0. 2 亩，揭阳人均耕地面积 0. 31 亩，远低于联合国粮农组织确定的人均耕地面积 0. 8 亩的警戒线。由于人多地少，形成了潮汕人“种田如绣花”的生产方式，精耕细作全国闻名，汕头的澄海区是全国最早的“吨谷县”，是新中国成立后向全国很多地方输出“老农”的地方，这种精耕细作的生产方式培养了潮汕人崇尚精细的文化精神。同时，由于人多地少，加上更加复杂的地理历史原因，人们不得不远离家园，到海外和全国各地去做生意，这是形成潮汕人重商精神的重要因素。

饶平大埕渔民劳作图

曙光初现，饶平大埕的渔民们已经开始收网，一天的劳作业已开始。这是自古以来潮汕沿海居民一直沿用的一种古老的生产方式。（摄影：黄勇哲）

另一方面，由于背部有连绵的大山阻隔，在古代的交通条件下，潮汕地区与祖国内陆的沟通非常不便。在一方僻壤之内，内部是河流密布的水乡，南面则是一望无际的大海，于是，人们依河而生，靠海而食，因此这里一直是渔业发达的地方。今天，潮汕拥有云澳、海门两个国家中心渔港，以及达濠、三百门、神泉三个国家一级渔港。

近代以来，由于汕头的崛起，近代商业、工业迅速发展。如今农业、渔业、规模较小的民营企业和小商业仍然是潮汕的主要生产方式，至今仍缺乏大工业生产体系。

第三节　潮汕文化的基本形态及其形成与发展

一、潮汕文化的基本形态

潮汕文化作为中华文化的一部分，是一个复杂的综合文化体系，包含了很多的内容。杜经国教授在《潮学研究·发刊词》中对潮汕文化的基本形态有着非常恰当、简洁的概括：

潮汕文化历史悠久，内容丰富，是中华文化的一个富有特色的分支，它的特色主要表现在：一是广大潮人所创造的一系列风格独特且在海内外有一定影响力的文化成果。即以旖旎婉约见长的潮剧；以弦诗乐和大锣鼓为表征的潮州音乐；以潮瓷、抽纱和金漆木雕为代表的潮汕工艺；以柑橘、水稻栽培和狮头鹅养殖扬名的潮汕农艺；以“工夫茶”、“潮州菜”享誉的潮汕饮食和作为民俗文化特殊载体的潮州歌册。二是创造这些文化成果的广大潮人所特有的文化心态，即潮人特有的思维方式、价值观念和行为准则。这突出反映在以善于经营而扬名于世的潮商；被许多外地人所瞩目的高度凝聚力；人数众多、影响巨大的海外潮人和兼收并蓄、带有明显实用色彩的民间多神崇拜。三是语音、结构及内涵自成一体，覆盖面又特别广泛的潮汕方言。四是历史上特别是近代以来所涌现出的一大批在海内外都有一定知名度的文化名人。[1]

① 杜经国．潮学研究·发刊词．潮学研究（1）．汕头：汕头大学出版社，1993

二、潮汕文化的形成与发展

关于潮汕文化的形成与发展过程，黄挺、黄赞发等潮学研究专家已经有诸多论述，这里我们综合了各家观点，仅作一个简单的概述。

潮汕文化有三个来源，即原生文化、中原文化和旅外文化。又可分为五个发展阶段，即原生文化阶段、接触碰撞阶段、儒化（汉化）阶段、海内外移民文化形成阶段和近现代阶段。

（一）原生文化时期的潮汕

1. 原生文化的代表

（1）南澳象山文化是潮汕地区到目前为止发现的最早的人类活动遗迹，距今已有八千年了，从文化形态看，它与“漳州史前文化”属于同一文化系统，当时的人们过着极其简单的海边原始生活。

（2）距今六千至五千五百年前，在潮汕的海滨地区住着一群使用极简单的石器、骨器和粗制陶器的居民，以潮安陈桥遗址最具代表性，被称为“陈桥文化”。

（3）距今约四千年，潮汕进入石器陶器时代，以普宁虎头埔遗址为代表，此时的潮汕文化与中原文化并肩而行。

（4）距今约三千四百至两千九百年，潮汕先民已经过着农耕生活，并开始与北方商周文化接触，进入石器与青铜器并用时代。以饶平等地为代表，被称为“浮滨文化”。

（5）南越文化距今约两千七百至两千二百年前。公元前355年，楚灭越之后，越国人从海路向南迁，进入潮汕地区，潮汕地区逐渐摆脱石器时代，本地居民开始固定聚居。

宋代欧阳忞所著的《舆地广记》第三十五卷《广南东路》中载：

> 潮州，春秋为七闽之地，战国为越人所居。

这一历史时期，黄挺在《潮汕史》中称为“文明初曙”期，潮汕文化处于初始萌芽阶段。

2. 原生文化的特征

（1）这时期的潮汕是蛮荒之地，从一些历史名人留下的文字中，我们能感受到他们对潮州的印象。

著名诗人贾岛笔下的潮州是“峰悬驿路残云断，海浸城根老树秋”。当时的潮州，海潮可以直达城下，是一个真正的潮水之州。在贾岛的印象中，古潮州是一个令遭受贬谪的中原士人忧愁断肠的地方。

唐代潮州有两位历史名人，都是因犯了严重错误而被贬到潮州的高官。一位是李德裕，一位是韩愈。

李德裕来潮时，韩江时称“恶溪”。他写了一首《过恶溪》（引自《周府志·艺文·诗》卷四十二），表达了他来到潮州之后极其郁闷的心情。

风雨瘴昏蛮海日，烟波魂断恶溪时。
岭头无限相思泪，泣向寒梅近北枝。

韩愈眼中的潮州则是“毒雾瘴气，日夕发作”。当时的潮州，陆地上原始森林密布，野兽出没，河里鳄鱼成群，森林里有一种令人胆寒的瘴气，从北方来到潮汕的官员都将其视为“死神”。在潮州地方志的官方记载中，彼时潮州春夏有青草黄梅瘴，秋冬有新禾黄茅瘴，深山密林有香花瘴，“异香出林，臭如兰菊，毒易中人”。（《周府志·气候》卷二）

据庄义青老师考证，瘴气其实是热带雨林的一种传染病，北方人要到潮州需经过长途跋涉，历尽艰难到达之后，往往体力不济，抵抗力下降，再加上水土不服，心情抑郁，特别容易得传染病。在医疗条件极差的情况下，一旦得病，死亡率就很高。所以，北方被贬的官员，以及那些到此地打仗的士兵，都对瘴气充满恐惧。

从这些描述中我们可以看出，当时的潮汕，地理条件恶劣，开发程度很低，是一个真正的蛮荒之地。

（2）古时潮汕的土著居民不仅彪悍暴烈，族群间的争斗也极其激烈而频繁。

潮汕的土著居民先有僚俚，后有疍、畲。唐高宗时，陈元光带兵进入潮州之时居住在本地的是僚人、俚人。

僚人也称“蛮僚”或“僚蛮”，是自古就占据闽、粤、赣的土著，南宋之后被称为“畲”，疍民其前身也是僚人。俚人是岭南土著，它是秦汉时的“百越”，魏晋时的“南蛮”之一，现代的壮族就是俚人

的后裔。在宋以前，土著居民（特别是僚人）与中央政权之间经常爆发激烈冲突。直到明代，疍人仍没有进入政府的编户，依然不是正式臣民。

（3）潮汕地区的人文特征异于中原，两者甚至是大相径庭的。

《隋书·南蛮传·序》中有一段关于古代潮州的描述：

南蛮杂类，与华人错居，曰蜑、曰獽、曰俚、曰㐌，俱无君长，随山洞而居，古先所谓百越是也。其俗断发文身。好相攻讨，浸以微弱，稍属于中国，皆列为郡县，同之齐人，不复详载。[1]

这里古称“百越”，他们住在山洞里，留短头发，文身，强悍好斗，没有中原文化的长幼尊卑观念。直到隋朝时，才开始纳入中央政府的管辖范围。

隋唐有不少资料描述潮汕，这里我们取用韩愈的两段描述。理由之一是他被贬潮州，为官八个月，对潮州有直观的印象；二是他是一代大儒，其理性精神值得信赖；三是他在治潮期间，体现出了儒家知识分子强烈的入世精神。同时，他为潮汕人做了一些好事、实事，使外界对潮汕社会有了更清晰、更客观的认识。因此，他对当时潮汕土著居民的描述应该比较客观。

他在《送郑尚书序》[2] 中描述：

蛮夷悍轻，易怨以变。其南州皆岸大海，多洲岛，帆风一日踔数千里，漫澜不见踪迹。控御失所，依险阻，结党仇，机毒矢以待将吏，撞搪呼号以相和，风屯蚁杂，不可爬梳。好则人，怒则兽，故常薄其征入，简节而疏目，时有所遗漏，不究切之，长养以儿子。至纷不可治，乃草薙而禽狝之，尽根株痛断乃止。

他在《潮州请置乡校牒》[3] 中说：

此州学废日久，进士明经，百十年间，不闻有业成贡于王庭、试于有司者。人吏目不识《乡饮酒》之礼，耳未尝闻《鹿鸣》之歌。

---

① 魏征等．隋书·南蛮传·序．隋书．北京：中华书局标点本，1973

② 韩愈．送郑尚书序．韩昌黎文集校注（卷四）．上海：上海古籍出版社，1987

③ 韩愈．潮州请置乡校牒．全唐文．北京：中华书局，1983

前一段文字是韩愈为即将到岭南当节度使的礼部尚书郑权介绍岭南的情况，并提供对策建议的；第二段文字是他对古潮州文化落后状况的描述。从中，我们可以看出当时土著居民的民性特点。

一是民风剽悍。在没有受过多少军事教育的情况下，这些土著人跟陈政带来的训练有素、武器装备较为先进的中央政府军进行了长达半个世纪的较量。

二是文明未开。那时的潮汕社会没有长幼之序、上下之尊，仍然处于野蛮、蒙昧状态。

三是熟悉海洋，有高超的驾船航海技术，他们是天生的海上居民。据史料记载，潮汕人早在先秦时代就已掌握了造船航海技术，在汉代业已成为南越国的造船中心，是当时东南沿海的中继港。因此，到了唐代，韩愈看到的就是他们“帆风一日踔数千里”的景象。[①]

四是很多人都尚未归服唐中央政府的管辖，缺乏政治归属感。主要表现为不断地叛乱，平息，再叛乱。一部分人特别是僚人长期以来不在政府编定的户口之列。其中的畲民、疍民到明代依然长期独立于地方治理之外，不入户口，不缴税，所以，历代史书都认为潮州自古便是难治之地。

韩愈所描述的潮汕土著居民，和我们在影视作品中经常看到的非洲原始居民的印象差不多，即一群强悍、机动，对中央政府派来的官吏很仇视的野蛮人，这种情况直到宋代才有了根本性的改变。但这些人的人文特征并没有随着历史的发展而消失，而是在民族杂居、融合的过程中，逐渐演化成了今天本地居民特有的文化特征。

3. 与中原文化的接触碰撞

（1）汉武帝时期（公元前 111 年）是潮汕地区开始接触中原文化的时期。

汉武帝平南越，设揭阳县，包括今天的潮汕、兴梅以及闽南、赣南的一些地方。岭南地区开始划入国家版图，本地开始有隶属于政府的郡县建制，汉文化开始进入潮汕地区。

（2）东晋义熙九年（413 年），东晋政府在潮州设置义安郡，开始了本地郡一级政权的建制。下设海阳、绥安、海宁、潮阳、义招五

① 杜经国．海上丝绸之路与潮汕文化．汕头：汕头大学出版社，1995

县，管辖今天的潮汕和闽南一带。当时已有一定数量的汉人来到潮汕，但对本地文化的影响较小。

（3）唐高宗武则天期间，由于本地土著蛮、僚少数民族不断啸乱，山西人陈政、陈元光父子即带兵进入泉州、潮州一带，陈政一家三代与当地土著僚人进行了长达半个世纪的战争，终于打败了僚人，把他们的势力压缩到粤东北部山区。陈元光由此被称为“开漳圣王”，陈氏带来的58姓汉族士兵中有不少人居住在潮汕，中原汉人在潮汕地区的影响力逐渐扩大，如今，陈姓是潮汕地区最大的姓氏。

（二）融合儒文化时期的潮汕地区

1．中原移民带来的儒文化

隋唐时期，汉文化对潮汕地区的影响力逐渐扩大，但是，当地居民仍以土著为主。直到五代，特别是两宋时期，随着北方汉人大量涌入，这里很快就成了经济发达、文化繁荣的地方。

公元819年，韩愈因作《谏迎佛骨》，被贬为潮州刺史。作为一代大儒，被贬潮州的韩愈在短短八个月的时间里就为潮汕人做了几件好事。其中，最有意义的是兴办教育，教诲当地人。当地人对他感恩戴德，为他树碑立祠，甚至将当地的母亲河员水改名为韩江，笔架山改名为韩山，韩文公祠至今仍屹立于韩山之上。中原文化对潮州本土的影响随之进一步加深，但总体上，本地土著文化仍然占据主导地位。

据中国著名人口学家梁方仲先生的资料显示：

> 唐代，潮汕地区每平方公里1.2人，在全省27个州中排第23位。北宋，每平方公里4.5户，在全省23个州中排第5位。[1]

从人口资料来看，唐代的潮汕地区还是一个人烟稀少的地方，也即在今天的汕头、潮州、揭阳范围内的面积10 918.4平方公里的土地上只有一万多人口。但是到了宋代，人口猛然增加了数十倍。到南、北宋交替之时，当时潮州的人口竟然达到50万之多。

大量的潮学研究资料表明，唐末之后，由于北方社会长期动荡不安，北方汉人开始大量涌入潮汕地区。而且，很多证据表明，来到潮

① 梁方仲．中国历代户口田亩田赋统计．上海：上海人民出版社，1980

汕地区的北方人大部分都是北方的大家族（著名汉学家饶宗颐的观点）。现在，潮汕的大姓基本都保留了族谱，都能从族谱上看出他们宗族迁移的轨迹。

韩文公祠

韩文公祠在潮州笔架山（现称为韩山）西麓，面向韩江，是我国现存的最早纪念唐代文豪韩愈的祠庙，2006 年成为国家重点文物保护单位。韩愈治潮之后，随着中原移民的急剧增加，潮汕地区逐渐儒化。为感谢韩愈为潮汕人所作出的贡献，为崇文重教，北宋年间，潮州先贤陈尧佐于潮州金山建韩文公祠，后迁至笔架山，至今已有八百余年的历史。整个祠庙依山傍水、绿树环绕，少有粉饰，古朴而文气斐然。在韩祠侍郎阁之上，可眺望韩江及潮州古城。（摄影：黄勇哲）

北方入潮望族房屋

潮汕文化在宋之后极为昌盛的主要原因是北方望族移民大量进入潮汕，带来了发达的儒家文化。这些望族从遥远的中原搬迁到这个僻远的海滨，历经千百年，作为汉文化正统身份的记忆至今存留。他们通过族谱和郡望记载着他们迁移的历史。

陈姓是潮州最大的姓氏，而颍川则是望族陈姓的郡望。至今，潮汕陈姓人家大多会在房屋大门背面刻上“颍川世胄”或“颍川旧家”等字样；潮汕张姓人家则会刻上“清河世泽”或“曲江旧家”。清河是汉朝张良的庙号，曲江则是因唐代宰相张九龄被称为“曲江公”之故。林姓会刻上“九牧世家”或“西河世家”等。（摄影：陈晓东）

目前，有不少研究者将潮汕迅速摆脱愚昧落后的功劳归于韩愈，对此观点，我们一直持怀疑态度，其中一个理由就是人口数量的问题。现在的潮汕三市一万多平方公里的土地上当时只有一万多人口，聚居在潮州城的肯定更少。韩愈——一个从遥远的北方来到这里的官员，在很难与当地居民进行语言沟通的情况下，短暂的八个月，面对这些蛮荒之地的顽民，又能够作出怎样的功绩？然而，他以文化教诲进行治理的思路却是非常正确的，以后潮汕人以他为旗帜施行教育，他的影响力才逐渐显现出来。

潮汕人口急剧增长发生于五代到宋这一时期，因此，真正给潮汕地区带来发达的中原儒家文化的是具有较高素质的北方移民。直至宋代，数量相当于原住民数十倍的人口出现在潮汕大地之上，他们就是从中原河洛地区南迁进入福建，再从福建进入潮汕的北方汉人。关于中原移民是如何来到潮汕地区的资料已有很多，并且基本能够达成共识。

> 宋代以后，大量闽人，特别是泉州、兴化二地的居民，向本地区作板块式的移民，本地居民原先所使用的语言被覆盖了，俗称“福老话”的闽南方言成为本地区通行的语言。[①]

2006 年，汕头大学的胡盛平等人通过对潮汕人聚居区和我国南北方，包括香港和大陆的闽南、客家聚居区，以及新加坡的汉人聚居区等十个汉人群体的人类白细胞抗原体（HLA）进行对比测试，证实了大陆闽南人与潮汕人群的遗传差异最小，进而从科学的角度证实了上述论断。[②]

因此，中原地区的儒家文化进入潮汕不是渐变式的，而是以大规模移民的方式，以数量的绝对优势将这里的原生文化覆盖掉，于是原住民变成了少数民族，并最终被融合，原生文化变成了少数文化。高素质的北方人带来了先进的生产技术和发达的儒家文化，潮汕地区由此繁荣起来。

2. 儒家文化带来宋元时期潮汕地区的繁荣

《元一统志》载文称：

---

① 黄挺. 潮汕文化溯源. 香港：中流出版社有限公司，1997

② 胡盛平等. 潮汕人群 HLA 遗传多态性及与其他汉族人群亲缘关系比较. 中华医学遗传学杂志，2006，23（6）

初入五岭，首称一潮。土俗熙熙，有广南闽峤之语；人文彧彧，由韩公赵德而来。稻再熟而蚕五收，凤翔集而鳄远徙。扫除青草黄茅之瘴疠，仿佛十州三岛之仙瀛。（《舆地纪胜》，《永乐大典》卷五三四五）

北方移民带来了发达的中原文化，潮汕成为以中原移民文化为主体的地方。两宋是潮汕经济文化极为发达的时期。于是，通过移民，原来居住着野蛮人的蛮荒之地变成了经济发达、文化繁荣的地方。当时潮州在诸多方面已经不逊于中原发达地区，已经变成了北方人心中的乐土。正如《方舆胜览》对此地的赞誉，潮州“封疆虽隶于炎方，文物不殊于上国”，“海滨邹鲁”开始成为潮汕地区的美称，“蛮荒之地”的称谓再无见闻。从此以后，潮州人总是很自豪地说自己是“海滨邹鲁”，是南方沿海一座像山东一样有文化底蕴的地方。这种说法出自陈尧佐的一首诗《送王生及第归潮阳》。

休嗟城邑住天荒，已得仙枝耀故乡，
从此方舆载人物，海滨邹鲁是潮阳。

元、明时期，北方仍有大量居民迁入潮州，不仅给潮汕地区继续带来发达的中原文化和人口资源，而且也带来了先进的商业文化。

棂星门

宋、明两代，潮汕号称“海滨邹鲁”，学习儒家经典、参加科举考试是当地青年的梦想。这个时期，潮汕文人进士辈出。

海阳县学宫也称“红学宫”，俗称“孔庙”，位于今潮州市文星路口，经过历代的翻修重建，形成了规模完备、结构完整的古建筑群。潮人祭孔子的传统犹存，每年的孔诞日及每月初一和十五，都有虔诚的人前来祭拜，祈求读书者聪明、有成就。（摄影：张明晖）

根据饶宗颐先生的研究，南迁进入潮汕地区的都是中原地区的大族和望族。由于地方吸引力的不断增强，宋、明两代在潮州或潮州周边做官的官员便有不少率家族移居潮州，他们给这个地方带来了中原文化，强化了地方的宗族传统。

古代，一个地方的富庶程度很大程度上取决于人口的数量。这一时期，在人口数量迅速增加的基础上，潮州的经济迅速发展起来，建设了大量的水利设施，农业生产水平大幅度提高。工商业，特别是煮盐业、陶瓷业等也伴随着本地的海外贸易迅速发展起来。经济发展促进了文化的繁荣。据《三阳志》（“三阳”即海阳、潮阳、揭阳）记载，在南宋咸淳三年（1267 年），潮州府参加贡举考试的人数达到 1 万。而当时的潮州人口才 70 万。也就是说，当时的贡举参考率达到 1.4%。如果与今天的高考作对比的话，2009 年全国高考报名人数为 1 020万，占人口比例的 0.785%，广东省报考人数为 64.4 万，占人口比例的 0.668%，汕头市高考报考人数为 38 982 人，占人口比例的 0.696%。由于宋代的贡举考试分乡试、省试和殿试，把这个数字进行平均，那么 0.47% 的三级参考率相对于今天已经大众化的高考来说也是相当惊人的。我们可以想象出当时潮汕地区的青年向着仕门蜂拥前进的激情。当时的潮汕人以学习儒家经典，参加国家人才选拔考试为主流，他们参与政治的积极性很高，体现出对主流文化的高度认同，不过，潮汕人这种参政热情在清代之后迅速弱化了。

宋代是潮汕与中央政权相处的甜蜜期，此时，官员对潮汕的评价几乎都是正面的，潮汕社会与主流意识形态也非常亲近。但在潮汕的政治历史中，这样的情形很短暂。

> （宋）孝宗尝问（王）大宝：“潮风俗如何?”大宝对曰：“地瘦栽松柏，家贫子读书，习尚至今然。”（《潮州府·风俗形胜》，《永乐大典》卷五三四三）

对于这个远离皇城，特别偏远而神秘的地方，人们总是充满了好奇心，因此，宋孝宗才会问王大宝关于潮州的地方风俗。王大宝是潮州榜眼，一个精通易学，特别有智慧的人，他的对答简略而传神。他对潮州的文化风貌作了正面的描述，并被记载在国家历史之中，成为人们对潮汕地区的典型印象。此后，“地瘦栽松柏，家贫子读书”便成为历代潮人的文化理想。

明嘉靖以后，潮汕地区文化进入历史上的成熟期。其时，潮汕文化教育最为繁荣，人才辈出。

明朝潮人得中及第的总数为322人（进士160人，举人162人），其中，嘉靖年间得中及第者149人（进士34人，举人115人），占46%。嘉靖甲辰科，潮人同榜进士多达7人，人称“明代前七贤”。明末崇祯戊辰科又有7人同榜。明世宗嘉靖年间从1522年至1566年间的44年，潮人任三品以上高官者达百人以上。嘉靖至万历年间，本地还涌现出林大钦、翁万达、肖端蒙、林大春、薛侃、唐伯元、林熙春等闻名遐迩的潮人精英。①

当时的潮汕地区，其文化发达程度已经接近甚至超过广东的政治中心——广州，中国传统的儒家文化成为社会的主流文化。由于潮汕地理位置与文化原因，直至今天，儒家传统文化理念仍然很强，这里也成为我国古风保留得较好的地方之一。

儒家文化成为潮汕主流文化的同时也孕育着另一种文化，并在以后的历史发展中逐渐得以强化，那就是宋代勃兴的潮汕商业文化。由于潮汕移民大多来自于河洛地区，而河洛地区是中原商业发达的地区，他们也就带来了发达的商业文化。宋之后，福建移民大量进入潮汕，当时福建的泉州、福州是全国最重要的外贸港口，南宋，其海关

“南澳一号”商贸船上运载的陶瓷

“南澳一号”是迄今为止国内发现的唯一一艘明代晚期的商贸船。“南澳一号”的发现印证了明代潮汕商贸业的繁荣，南澳海域是当时“海上丝绸之路”（或叫“陶瓷之路”）的重要通道之一，是国际贸易货物的转运、集散中继站与必经之路。

---

① 陈景熙．“林监矛破潮州风水”传说与“排他”集体无意识．潮学研究（6）．汕头：汕头大学出版社，1997

税甚至占到全国总税收收入的1/6。福建移民带来的商业文化进一步强化了潮汕的重商传统。这意味着，具有海洋文化特征的地域文化逐渐变成地方的重要文化构成，并开始与中华传统文化的农耕大陆文明发生冲突。在以后的各种历史事件中，特别是与明清之后的海禁政策不断冲突中发展，逐渐形成了一种新的地域文化。

北宋时期，外贸的兴起刺激了潮汕工商业的发展。以陶瓷制造业为例，现在潮州东门外的笔架山上发现的宋代瓷窑遗址，绵亘数里，遍布全山。据传此处共有九十九个窑，故称“百窑村”。近年来，该地出土了大量陶瓷器物，主要有碗、盏、盆、钵、碟、杯、灯、炉、瓶、壶、盂、粉盒、人像、动物玩具等，品类花色繁多，其中有不少阿拉伯和欧洲人物造型的玩具，充分体现出当时陶瓷生产的外贸特征。

（三）移民文化形成发展时期的潮汕

1. 海患

宋元时期虽然思想开放，但其国本思想仍然是以农业为主，士农工商的排列一直没有变化。即“国以民为本，民以衣食为本，衣食以农桑为本”。但是，宋代由于政府秉承的是无为理念，经济一直自发而行，使得福建和广东的海洋商业经济的发展深受其益。但是，到了明清，由于政府实施海禁，潮汕地区带有海洋性质的工商业传统与国家的利益冲突变得剧烈起来。潮汕文化开始慢慢走向地域化和异质化。明清两代的海禁政策，虽可用多种原因进行解释，但其实质仍是由汉民族传统文明农耕文化的本质所决定的。因此，当明朝政府实施海禁之后，福建、广东的海上贸易受到很大的打击，生存压力和追求财富的欲望迫使潮州商人逆政策而动。南澳岛的地理存在是海患形成的一个重要因素。南澳岛靠近国际贸易航道，且孤悬于海外，可以耕作，有淡水补给。明政府为实行海禁，把南澳岛的居民全部移居大陆，从而形成一个天然的走私贸易基地。而且在行政疆域上，南澳岛地处福建和广东的交界，是一个“两不管”地带。于是广东、福建海商借助具有天然地理优势的南澳岛，先是假充贡使，引诱外商进行贸易，然后是公然走私，最后发展到武装对抗。在广东、福建海寇商人反抗明政府的镇压中矛盾愈发尖锐，最后酿成了明代的海寇之患。明政府经过漫长的整肃和治理，花费了大量人力、财力，才解决了海寇之患。

寇祸虽平，但封建统治阶级与福建、广东人民之间的矛盾加剧，民风大变。

南澳岛

汕头南澳岛地处闽、粤、台三省海面交叉点，是连接东亚、东南亚的古丝绸之路，向北航行可到日本、朝鲜各国，向东可抵达菲律宾群岛，向南越过南海，直达爪哇、印度尼西亚等南洋各地。优越的地理位置和交通条件，使南澳海域不仅成为国人南船北上或北船南下的必经之中转站，更成为外国船舶从粤海入闽海，或从闽海入粤海之门户。南澳的地理存在对潮汕地区有着深远的文化影响力。

2. 旅外文化的形成

旅外文化是潮汕文化的三大构成之一，是潮汕文化中海洋属性的表现形式，其中的华侨文化形成与明末的海寇之患有关。明朝的吴平、林凤、林道乾等海寇商人在明政府军戚继光、俞大猷等人的打击下，带着部队远逃安南（今越南）、吕宋（菲律宾吕宋岛）、大年（泰国暹罗），这些仍具有强大战斗力的武装集团终于在东南亚站稳了脚跟，华侨文化开始茁壮成长。漫长的明清时代一直到近现代，潮汕人一旦遇到天灾人祸，或为了追逐财富，都会义无反顾地走向海外，特别是到东南亚地区。他们沿着先人的足迹，在东南亚已经形成的华侨组织的庇护下，开疆辟土，繁衍发展，创造了无数可歌可泣的故事。今天有 80% 以上的潮籍华侨居住在东南亚。然后，很多潮汕人以东南亚为基地，源源不断地向海外移民，加上以后陆续向世界各地移民的潮汕

人，至今海外潮汕人已经有千万之众，形成了一个具有很大影响力的华侨社会。在海外的一千万潮汕人，理所当然地创造出一种新的文化，那就是华侨文化。华侨文化通过华侨对本土的投资、回流，对潮汕本土社会形成了巨大的影响力，促进了潮汕本土文化的繁荣和进步。

马来西亚的韩江家庙

潮汕人是一个如水般流动的族群，“有潮水的地方就有潮汕人”。为了谋生，他们四海为家，既为所到之处带去了潮汕本土的文化，也为故乡带来了侨居地的文化，使潮汕本土文化体现出兼容并蓄的特点。（图片来源：汕头外事侨务局）

此外，在悠久的商业传统的潜移默化之下，潮汕人不只向海外移民，也向国内各大商业城市移民。早在清初，他们就已经在当时商业发达的苏州形成了有较大影响力的商业群体。他们到处经商，在国内各商业城市追逐着财富，推动社会生产力的发展。海外的华侨文化和海内移民文化共同构成了潮汕文化中的旅外文化。

目前，旅外文化仍以华侨文化为主导，但随着国家市场化步伐的不断加快，国内移民文化正在迅猛发展，在可以预见的将来，将会对潮汕本土文化产生更加深远的影响，成为潮汕文化精神新的引领。潮汕文化中的旅外文化既是传统潮汕文化精神的三大构成部分之一，也是中国文化史上一道独特的风景。

旅外文化与本土文化的发展是一个双向互动的过程，一方面，华侨、国内移民在向外移民拓展的过程中，带去了潮汕文化，影响了侨居地的文化面貌；另一方面，华侨由于不断往返于祖居地与侨居地之间，又将外部文化带入了祖居地，不断改变着潮汕文化的面貌。

新加坡潮州大厦

为了在侨居地获得生存和发展的机会，他们以共同文化为基础，以会馆的形式聚居在一起，形成各种同乡组织。目前在新加坡的潮汕人约有50万，新加坡最有影响的社团组织是“潮州八邑会馆”。（图片来源：汕头外事侨务局）

潮汕文化的发展历程，虽呈现出不断变化发展之势，却一直遵循着传统主导型的特点。即以儒家文化为正统的农耕文化为主导，以带有明显海洋性质的商业文化为重要构成的发展模式。在漫长的历史进程中，特别是近现代以来，在西方列强的侵略之下，中国作为泱泱大国的自信心受到严重打击，西方文化大行其道，传统儒家文化受到极大的冲击，文化面貌已经发生了巨大的变化。但是在潮汕，一方面，由于他们并不排斥西方文化，对西方文化采取积极主动的学习态度；另一方面，在地理及旅外文化的作用下，特别是在方言的保护下，传统文化反而得到更好的保护。很多已经消失和正在消失的中华文化传统都在潮汕得到了很好的保留，如语言习惯，传统民俗和工艺，儒家礼、孝、义等文化观念等。

进入近代，在整个中华民族“面临三千年未有之大变局”（李鸿章）之际，在潮汕，一个处于大变局前沿的小渔村——汕头，在很大程度上改变了潮汕文化的传统面貌。

（四）汕头的崛起

1858年，清政府与英国签订了《中英天津条约》，开牛庄、登州、台湾（台南）、潮州、琼州、汉口、九江、南京、镇江为通商口岸。1860年，潮州开埠，口岸设在汕头，汕头由此作为近代潮汕新文化的引领者而迅速崛起。汕头的崛起，改变了本土潮汕人的经济结构和社会结构，推动了潮汕文化从古代文化向近代工商业文化的嬗变，市民社会开始出现。它标志着潮汕文化从传统开始走向现代，从农村开始走向城市。

老海关钟楼

1860年1月1日，汕头开埠，汕头城市文化的兴起，标志着潮汕文化开始从传统走向现代。

早在1853年，粤海关就在妈屿岛南侧营仔山上设有“潮州新关”。汕头开埠，即在妈屿岛兴建了由外国人控制的海关，称为“洋关”。

老海关钟楼由英国人兴建，于1919年开工建设，1921年建成，潮海关迁入此楼办公。1988年以前，海关钟楼一直是汕头海关总部机关的办公所在地。近代以来，它成为无数潮汕人联结海外的窗口，一代又一代的汕头人在钟楼的钟声中成长，见证了汕头这座城市的历史变迁。（图片来源：汕头海关）

新兴的汕头正以一种完全不同于旧城邑的城市聚落形态，崛起于粤东大地上。面向街道的洋式楼房，显示出它开放的文化性格。[①]

随着汕头城市经济的迅速发展，新的政治、经济、文化元素大量出现在潮汕人的身边：电灯、水龙、铁路、轮船、工厂、百货商店、银行、城市建筑等近代化元素大量涌现；新式医院、新式学堂、基督教堂、剧院、公园等文化设施遍布城市；郑正秋、蔡楚生等第一代中国电影人大放异彩，出现了冯铿、柔石等进步文化人，也有号称“性学博士”的张竞生崭露头角……这些都极大地改变了传统潮汕社会的面貌。

---

① 黄挺．潮汕文化源流．广州：广东高等教育出版社，1997

1899 年，第一所新式学校同文学堂在汕头开办，到 1947 年，潮汕已经建立了 1 747 所小学，50 所中学、乡师、高师、职业学校；1921 年，汕头市通俗图书馆成立，1934 年，汕头有 11 家书店；1902 年，《岭东日报》在汕头创办，到 30 年代，共有报社 30 家。[1]

在现代化的不断进程中，汕头迅速发展成为潮汕新的中心，成为潮汕社会从传统向现代蜕变的主要动力。自此，汕头一直都作为潮汕文化突破传统走向现代的主导力量，引领着潮汕文化的不断发展。

汕头小公园南生公司

南生公司是潮汕本土商业文化鼎盛的标志，见证了汕头近现代的辉煌。南生公司自 1932 年开业以后，一直是汕头的商业地标，凝聚着潮汕几代人的辉煌记忆，直至 20 世纪 80 年代。

南生公司由印尼华侨李柏恒等人投资兴建，是典型的侨资商业机构，其建筑风格集东、西方文化于一身，集购物、餐饮、住宿、娱乐于一体的设施与功能十分超前。如今，昔日的繁华已经褪尽，在旧城改造中，周边的建筑已经拆除，南生公司在多方努力下得以幸免，孤零零地矗立在一片废墟之中。（摄影：黄勇哲）

1860 年到 2010 年，汕头 150 年的历史仍在不断地演化。

从 1860 年开埠到 1939 年被日本占领，此时段是汕头经济发展的活跃期，潮汕人从潮汕各地云集到这个新兴的商业城市，释放出压抑已久的生机与活力。汕头作为潮汕商人联结上海、香港、苏州和广州、东南亚的南北中转站，发挥了基地、近代港口和商埠的重要作用。饶

① 蔡晓丽，马惠君．开埠对近代潮汕文化发展的推动作用及其历史启示．纪念汕头开埠 150 周年论文集，2010

宗颐总纂的《潮州志·商业志》载：“1932 至 1937 年，外洋船进出汕头口岸的船舶艘次和吨位数均占全国的第三位”，“汕头商业之盛居于全国的第七位”，[①] 汕头港拥有广阔的经济腹地，粤北、江西、湖南以及我国中西部各省的进出口货物，都以汕头为转运枢纽。1925 年，外国在汕头开办洋行、企业已有 91 家，1933 年，汕头工商业已发展到 3 441家，每年贸易额达到 6 亿 ~7 亿元。汕头的出现，使潮汕本土第一次在全国，甚至在国际视野中闪烁着耀眼的光芒，它告诉全世界，一个新兴的工商业城市迅速崛起了。

礐石英国领事馆

1860 年，汕头开埠后，西方列强纷纷进入汕头。英、美等国各建领事馆于礐石，法、德、日、挪威、瑞典、荷兰等建领事馆于外马路。1962 年，我国政府用 1 万元港币从英国人手中赎回了这座建筑，它是潮汕近代文化史中极为重要的一部分。如今，大部分领事馆已经倒塌、毁坏，唯有英国领事馆保存得最为完好。写作本书时，这座建筑仍挂着礐石街道办事处的牌子，但其内部已经破败不堪，亟待修葺。（摄影：黄勇哲）

1940—1980 年是汕头的混乱沉寂期，由于国家一直处于抗战、内战时期，汕头作为对台前沿阵地，政治运动此起彼伏，工业内迁，商业遭破坏。20 世纪 40 年代到新中国成立初期，出现了潮汕人移民海外的高潮。新中国成立后，地方经济虽然有所发展，但是，作为对外作战前沿，各项建设仍停滞不前，这段时期是与潮汕人的开放活跃、重经济轻政治的人文特性背道而驰的，整个潮汕社会显得沉闷且压抑。

改革开放 30 年不仅是汕头十分重要的 30 年，更是潮汕十分重要

① 饶宗颐. 潮州志·商业志. 香港：龙门书店，1965

的30年，潮汕文化仍然徘徊在传统与现代之间。改革开放使潮汕大地焕发生机，与此同时，出现了很多微妙的变化。在特区创办后的第一个十年里，潮汕社会走出长期的压抑，开始展现出勃勃生机，潮汕人在政策的鼓励下，迸发出巨大的激情，潮汕各地的精英大量涌入汕头，在特区政策的引领下取得了很大的成绩。

第二个十年，在第一个十年的成功以及特区政策巨大的利益驱使下，长期以来积聚在潮汕人身上的急功近利的思想使他们变得浮躁轻狂，体现出族群人格的扭曲与退化，整个潮汕都出现了挥霍倾向。

第三个十年，随着中央“807”、“815”工作组的进驻查处，潮汕，特别是汕头的经济环境恶化，合法企业也大多无法经营，企业大量外迁。2000年后，在八年的重点政策监管下，数千家企业搬离汕头，在特区时期聚集的产业链被破坏，潮人精英远走他乡，从而催生了新的移民浪潮。

我们在考察一个族群的文化精神时，有两种重要方式：一是从精英群体身上体现出来；二是在压力下去考察，在压力下体现出来的应对正是族群精神的集中体现。依据这两个判断，近30年来，潮汕文化有了许多新的变化。最有活力，最能代表新时期潮汕文化精神的是在海内的新移民群体，其中最活跃的是潮商群体。所以，新时期潮汕文化精神的重点就应该在新移民的身上去找寻。

1988年，汕尾设市，是潮汕历史上的一个重要节点，特别是1991年传统潮汕一分为三之后。潮汕内在狭隘的地域观念开始发酵，潮汕人文精神中不善于合作的特点充分暴露出来，行政区域的分拆导致向心力的分散。在近代若干年各自为政的奋斗中，作为四市中人口最多、底子最薄的揭阳却把握住了国家发展的脉搏，树立起强势政府的形象，在逆境中独辟蹊径，卓有建树。这一现象为潮汕政治文化的发展提供了有效的借鉴和启示。

第一章　上善若水的生存智慧

第一节　潮汕人的水性精神及其形成与发展

一、潮汕人的水性精神

我们所说的潮汕人的水性精神，是指潮汕人择水而居，缘水而行，受水启迪所形成的行为特点和生存智慧，他们的人文特性在诸多方面都与水的特性高度吻合，因此，水性精神是潮汕人文精神的核心部分。

择水而居的潮汕人

潮汕人喜欢择水而居，讲究天人合一。所以村落、房屋的建筑总是力求与自然融为一体。（摄影：翁志雄）

择水而建的潮汕村落

潮汕的村落，大多择水而建。潮汕人有很强的风水观念，讲究纳气聚财。即使是离江河较远的村落，村前也会有水池，因风水学认为“塘之蓄水，足以荫地脉，养真气”，一池的水就是一村的财。但村前的水池有更现实的作用：对于特别亲水的潮汕人来说，这个池塘是游泳、洗衣的地方，也可以在炎热的夏天给村子降降温。

潮汕人喜欢在村前种榕树，在村后种竹子，即“前榕后竹”。因为榕树在潮汕话中与“成”同音，取成功之意；竹子在潮汕话（揭阳）中与“得”同音。所以合起来就是“前有所成后有所得”的意思。（摄影：蔡海松）

渔家水上婚礼

惠州澳头东升岛的居民是两百年前从潮阳移居至岛上的，至今他们的婚庆、信仰仍保持着潮汕习俗。（摄影：黄勇哲）

赛龙舟活动

潮汕地区的赛龙舟活动由来已久，清朝巡抚丁日昌就曾经召集周边地区的龙舟到榕江开展竞赛。由于潮汕人强悍且通水性，水上驾驭能力强，因此，潮汕地区的赛龙舟更显激烈。每当龙舟赛至，各村的村民都会前来为自己村的龙舟呐喊助威，风雨无阻，场面热闹壮观。（摄影：黄勇哲）

潮汕人一直被称为潮人，他们古代以潮州为中心，近现代以来以汕头为中心，这个族群的发展史就是一部如水般流动迁移的历史，一部如水般适应进取、低调坚韧的生存史，一部如水般包容超越的发展史，一部相濡以沫的聚居史和慈善史。

二、水性精神的形成与发展

（一）潮汕地区依水而生、缘水而发展

潮汕是一个水的世界。韩愈的“潮之州，大海在其南，群山拥其北”，说的就是潮汕的地理特点：三面环山，一面靠海。在潮汕大地，有韩江、榕江、练江三江汇集于汕头出海，此外还有风江、龙江等大大小小三十多条河流。在韩江三角洲，韩江更是分成五大支流在澄海到汕头之间入海，形成了潮汕平原上河渠纵横、江海交接的水乡景象。

古代的潮州，海潮直达城墙脚下。唐代著名诗人贾岛所描写的“峰悬驿路残云断，海浸城根老树秋”正是这种景象。由于韩江流域地处亚热带季风气候带，降水主要集中在春、夏两季，因而韩江是一条季节性明显的河流，受季风强弱的影响，韩江时而暴涨、时而温顺。春末夏初洪水常常暴涨，淹没两岸民居；秋冬季节枯瘦轻流，河床上

黄沙芦苇。古代，韩江的北堤、东堤、南堤更是常常溃堤，形成滔天洪水，淹没下游良田，严重威胁流域内居民的生命财产安全。

潮州城

潮州城是潮汕文化的发祥地，是国家历史文化名城，全市拥有国家重点文物保护单位八处。广济桥是中国四大古桥之一，古时海潮可直达城下，如今，韩江截流之后，清澈的韩江水环绕城东，真可谓“青山横北郭，绿水绕东城”。小城静谧、安宁，曾被评为“中国最适合居住的小城”。（摄影：黄勇哲）

广济楼及其古城墙

广济楼建于明洪武三年（1370 年），历代多有重修。目前，已经按照三层四檐歇山顶型制，恢复了 1931 年重修前的原貌，是国家重点文物保护单位，兼具防守、防洪、景观三大功能。受季风影响，韩江径流量季节变化明显，春夏季江水暴涨，严重威胁韩江两岸人民的生命财产安全。古城墙是保卫人民的卫士，直至今天，潮州的古城墙仍发挥着防洪功能。（摄影：黄勇哲）

揭阳市的榕城区号称“岭南水城”，整个城市被榕江所包围，如建在水上。在古代，城中水道密布，是一个如威尼斯般的城市。

丁日昌故居与揭阳水道

丁日昌，丰顺人，洋务运动的主要人物。首创轮船航运事业；创设江南制造总局；倡办开平煤矿和轮船招商局、江南制造总局；在台湾开矿藏、筑铁路、架电线、造船械、办农垦等；提议创建北平、东洋、南洋三支水师。

位于揭阳旧城元鼎路和方厝河交叉的内角，史册记载此地为“丁氏光禄公祠”，是丁日昌于1878年所建，当地人称之为“丁府”，即为丁日昌居住的府院。

在丁府外围还留有一条水道，这本是可以通往榕江的一条水路，丁日昌可以将小火轮由榕江开至丁府门口。然而时过境迁，昔日的水路如今只剩一条布满浮萍和垃圾的臭水沟。（摄影：黄勇哲）

揭阳榕城

揭阳市是广东省历史文化名城，整个老城区在榕江的包围之中，城中水道密布，号称“中国水城”。如今，揭阳把发展的重点方向指向惠来、指向海洋。在化工、能源大工业的带动下，获得了后发优势。（摄影：杨继斌）

近代崛起的汕头，也一直是一个被潮水、大河包围的城市。在潮汕的地名中，特别是今天的汕头市，大多数地名都与水有关，汕头便是典型，其他如潮阳、澄海、南澳、达濠、河浦、海门等数不胜数。

汕头城市景观

关帝庙（左图）和盐灶上社港（右图），盐灶上社港曾经辉煌一时，如今只剩下一条小水沟，唯有远处潮汕最早的教堂和港口边上的关帝庙鉴证了昔日的辉煌。（摄影：郑嘉妮）

樟林新兴街、新兴街码头，清雍正开海禁之后，樟林作为潮汕的新兴港口，翻开了潮汕商业最繁荣的一页。这里曾经万商云集，新兴街码头是红头船出发的始点。如今，古港已经消失，只剩下一汪浅水，码头上留下的是岁月的痕迹。（摄影：黄勇哲）

广澳深水港二号码头

潮汕港口从内河到内海，再到外海的发展轨迹见证了航运史从木船时代到轮船时代，再到现在超级巨轮时代的转变。近代以来，全球化所带来的国际贸易量的暴涨加速了港口的变迁。潮汕港口的发展轨迹也从庵埠—樟林—汕头湾—广澳深水港一路向深水发展。（摄影：刘伟）

日渐淤积的汕头湾

汕头港于1860年开埠，至今已有150年的历史，素有“岭东之门户，华南之要冲”的称誉，这里是韩江、榕江、练江“三江并流”入海之地。潮汕的港口中心在经历了庵埠、盐灶、樟林之后，在近代以后选择了汕头。汕头港是沿海25个国家级主要港口之一。今天，汕头港仍是粤东地区最主要的对外商贸口岸，但现在港口淤积日益严重。（摄影：黄勇哲）

在这个潮水之地，潮汕人世世代代都在和变幻莫测的大海作斗争，在密布的河流中穿梭，以大河为大道，以大海为舞台。他们很早就懂得造船航海、打鱼拾贝。他们修堤、筑坝、引涵，在河道纵横的平原上种植水稻、莲藕、菱角，在江海中捕鱼，随着潮水到世界各地去谋生。他们吃海鲜、河鲜，以水为生，世世代代与水为邻，培养出他们如水般的人文精神。至今潮汕四市仍然缘海而行，汕头的发展方向在南区和东区，揭阳的重心在惠来，汕尾能源战略的重心也在滨海。

（二）潮汕人是一个如水般的族群

正如我们前面所述，潮汕文化之源是原生文化、中原移民文化和旅外文化三者的统一体，这三个部分都具有水性特征。

1. 原生文化

韩愈“帆风一日踔数千里，漫澜不见踪迹”的描述，正是原生居民海洋特性的表现，这是这个地方民性特点的底色。这些海里去浪里来的潮汕土著居民很早就有了如水般流动的特性，他们娴熟的驾船技术使他们在面对变幻莫测的海洋时是如此之得心应手。正如《越绝书》所载：

> 以船为车，以楫为马，往若飘风，去则难从。[1]

他们在海洋上正如中原人驾着车马在平原上奔跑一样自由自在，他们在水上行动潇洒得如飘荡的风，是真正的海上居民。

2. 中原移民文化

中原移民是潮汕地区居民的主体部分。中原文化是内陆文明，孕育于农耕文明，更多的表征是土地性格。但是，他们在向潮汕迁徙过程中形成了一种流动的特性。到达潮汕后，他们在潮汕本土，在地理、生产、生活环境的影响下强化了这种流动精神，形成了新的水性特点。

北方汉人一直以来都以农业为主，为什么当他们来到潮汕之后，会带来水性特征？从中原进入福建的居民，又是怎么进入潮汕的？目前，比较权威的说法有两种：一种称“河老人”，一种称“福老人”。河老人是随开漳圣王陈元光平定僚人叛乱时进入潮汕的北方人。陈元光及其所率领的58姓士兵都是山西人，山西古称河东，所以称他们为河老人，人数较少；福老人是宋元明之后进入潮汕的，这部分人从河

① 张仲清，王建华．越绝书译注．北京：人民出版社，2009

洛地区先迁入福建再迁入潮汕，所以称为“福老人”。南迁的福老人又可分为两类：一类主要是宋、元时进入潮州的，他们是在北方战乱威胁之下向南迁的北方流民。他们先以家族的形式南迁至福建，在当时全国商业最发达的泉州一带居住，再迁入潮汕。由于宋、元两代鼓励工商业的发展，他们便借助潮汕的资源优势，迅速加入工商业领域，形成了宋代潮州工商业繁盛的局面。也就是说，他们早在进入福建之后，就熏染上了海洋文化的特性，并将这一海洋特性带进了潮汕，在潮汕的海洋性底色之下，进一步强化了水性特点。

另一类福老人主要是在元、明时期进入潮汕的。他们有的是在战乱时向南逃跑的难民，有的是到潮州府做官的福建官员家族，还有的是到潮州做生意的商人。在明代，到潮州做官的大多数是福建人，他们来到潮州后，发现潮州其实是很适合居住的地方，于是，他们当中就有很多人最后留居潮州，他们的家族也随之迁到潮州。明代海禁之后，福建经商环境恶化，很多福建商人为了赚钱，就跑到当时贸易环境更好的潮州来做生意。他们来到潮汕之后，就在这片土地肥沃、地广人稀的冲积平原上定居下来，聚族繁衍。然后，再以潮汕为根据地，流向世界各地。正如黄挺老师所述：

> 由于地广人稀，原来地狭人稠，居民多以贸易为业的福建泉州、漳州、汀州有大量移民迁入潮州。①

这个时期，进入潮汕地区的福建人，很多带有商业目的。

正如潮汕黄姓族谱里告诉黄姓子孙的那样，“日久他乡即故乡”。正是在这种鼓励流动的宗族精神的推动下，潮汕人一直生生不息地流向世界各地。为了在流动的过程中适应各地的情况，就必须拥有很强的生存智慧和顽强的适应能力，这也是水性精神的一种体现。

3. 旅外文化

潮汕地区旅外文化的水性特征在文中多有述及，在此不再赘言。

三、潮汕水性精神的发展

潮汕人的水性精神形成之后，一直处在强化和发展之中。特别是

---

① 黄挺. 潮汕文化源流. 广州：广东高等教育出版社，1997

漫长的华侨史和国内移民史中，他们为了谋生，在海外漂泊，艰难开拓，养成了如水般的进取性；为了适应各种恶劣的生存发展环境，养成了随物赋形的适应性。他们怀着一种强烈的不安全感，低调隐忍且敢于超越。当他们积聚了大量财富之后，又体现出如水般泽被万物于无形的慈善情怀。洞悉潮汕人习性者都很清楚，潮汕人，特别是代表了精英阶层的潮汕商人，在寻找商业机会时，那种如水银泻地般无孔不入的商业精神正是水性精神智慧的体现。

第二节　水性精神的特征及其影响

一、潮汕人的流动精神

水最基本的特性就在于其流动性，可以奔腾不息，如江河，如潮水，如雨水般降落流动到世界的各个角落。因此，如潮水般的潮汕人亦是流动不止的。

（一）流动的生存历史

正如我们在绪论中所述，今天的潮汕人是由那些“帆风一日踔数千里”的原住民和中原移民融合的后裔。潮汕原住民生活在潮汕这个水的世界中，是在水的世界里如履平地的一群人。后来，北方汉人从遥远的中原迁移到福建，然后再从福建迁移到潮汕，在潮汕强化了他们的水性特征之后，又以华侨和海内移民的形式向海内外迁移。当代，特别是在潮汕本土经济发展遇到困难之后，大量的潮汕人仍以潮汕本土为根据地，流向国内外的各个地方，潮人的历史就是一部流动着的迁移史，潮汕人就是一个流动着的族群。

潮汕人的流动历史包括从北向南的流民史；从本土流向海外的侨民史；从本土流向全国的商帮史。

按照学者冷东的研究，古代潮汕人向外移民，包括三种类型：

一是武装移民，指的是明清时期由林道乾、林凤、张链等海寇商人组织的军事移民。万历二年（1574 年），海寇林凤为避明政府军的征讨，率战船六十二艘，士兵两千，水手两千，妇女儿童一千五百名，装载着大量的农具、种子、牲畜向菲律宾进发。虽然军事移民最后没

有成功，却有很多人留在了菲律宾。另一海寇商人林道乾也在明政府军的追剿之下，率兵两千，最后落户泰国大年，并成为大年王的女婿。当地人民为了纪念他，将大年港改名道乾港。林道乾在海外成功立足使泰国成为潮汕人进入东南亚的最佳移民地，以后很多潮汕人就沿着这一足迹进入泰国。

二是自发的民间移民。明清时期，潮汕地区到海外谋生的人数不断增多。按《东南亚华侨通史》的说法，当时，东南亚的海外华侨已经有 150 万之众。[①]

三是契约华工。契约华工，潮汕人俗称“卖猪仔”，产生于西方殖民者到中国掠夺人口开发殖民地的一种大规模贩卖人口的运动。1840 年以后正式产生，19 世纪中叶发展到高峰，20 世纪初衰落，不少潮汕人也在这场贩卖活动中被贩卖出国。

根据黄挺老师在《潮汕文化源流》中的考证，“近代（1860 年）以后，潮汕又出现了三次向东南亚移民的浪潮，时间分别是 1870—1910 年，1926—1933 年，1945—1949 年。这三次移民促成了潮汕海外社会的生成”[②]。

另据《汕头海关志》记载，1864 年至 1911 年，潮汕地区约有 294 万人背井离乡，远涉重洋谋生。1927 年大革命失败后，社会混乱，根据《汕头海关志》累计，1927 年移民 57 434 人，1928 年移民 70 071 人，这还未包括从澄海樟林港乘坐红头船出洋的人数。

据《潮汕百科全书》记载，20 世纪 30 年代以后，潮汕人每年经汕头出国的人数，高峰时达十四五万人，数量少时至少也有十万人。1948 年 11 月在汕头侨务局办理出国手续的人数达 57 628 人。[③] 新中国成立后，往东南亚的移民渠道阻塞，但即使是在中国与海洋基本隔绝的年代，潮汕人仍有不少人通过偷渡的形式进入香港，当地人称为“逃港”。改革开放后，潮汕人又纷纷走向全国各地，特别是到深圳、广州等地寻找发展机会。

---

① 吴凤斌．东南亚华侨通史．福州：福建人民出版社，1994

② 黄挺．潮汕文化源流．广州：广东高等教育出版社，1997

③ 潮汕百科全书编辑委员会．潮汕百科全书．北京：中国大百科全书出版社，1994

红头船公园

散文大师秦牧在《故里的红头船》曾有过这样一段话："红头船，即一种船头漆成朱红色，单桅或双桅木材结构的大型帆船，从这里装载旅客和货物，乘风破浪，扬帆远征……南下出航暹罗、新加坡诸邦。"

清廷规定出海的民用船只船头应用颜色标志，从而区分船只由来，广东位于南方，属火，用色为赤，即为红色，故船头用红油漆饰。由于潮商的广泛影响，"红头船"成了潮商的代名词。（拍摄：黄勇哲）

直至今天，由于潮汕本土经济发展迟缓，大量潮汕人涌向全国各地，特别是商业机会较多的经济热点城市，如今深圳就有300万潮汕人，其中有100万潮商；上海有50万潮汕人，其中有1万潮商；广州潮汕人超百万、东莞70多万，海南80多万，现在潮汕人已经在全国建立了60个潮商会，并且还在快速增加之中。[①]

潮汕人如潮水一般，从远方流到潮汕，然后，又以此为中心，川流不息地流向国内及世界各地。所以人们常说有潮水的地方就有潮汕人，这种永不停息的精神正是水性流动精神的最好体现。

（二）流动的勇气

潮汕人的流动精神给潮汕人以胆略和气魄。潮汕人有一句俗语叫"食到无，过暹罗"（大意是到了山穷水尽的时候，就到泰国去谋生），即使到了最后，在家乡难以生存和发展了，也可以下南洋寻找最后的出路，这种"置之死地而后生"的人生哲学，使他们充满了开拓进取的精神，也使潮汕人充满了反抗权威的勇气。然而事实上，由于浓厚

① 张志. 有潮水的地方就有潮汕人. 汕头市工商联、深圳潮商会、上海潮商会提供资料

的重商意识，茫茫大海非但不是潮汕人的绝路，反而是遭难者避祸的去处。但是，这种勇气一旦因逐利而盲目，背离了时代进步的要求，往往就成了一种违法乱纪的冲动。潮汕民风中，一直都有一种强悍冲撞、不循规矩的冒险心理，这种心理在特定的历史时期每每表现出巨大的危害性。

（三）流动的发展精神

潮汕人的流动带有鲜明的目的性，在流动中寻找生存的乐土，在流动中追逐发展的绿洲。

潮汕人的流动目的一是为谋求生存而被迫地迁移，这种流动与潮汕的灾难史有关，也和清雍正之后的人地矛盾十分突出有关。直至今天，潮汕仍然是全国人口密度较大的地方之一，其人口密度是广东全省的三倍多。二是为了追逐商业机会。他们如那些逐水草而居的游牧民族一样，追逐着发展的机会，哪里是经济发展的热点，他们就会第一时间出现在哪里。清代苏州商业最发达时，他们以商帮的形式迅速占据贸易的高点，成为苏州最有影响的商帮；当香港被殖民统治后，他们第一时间聚集在南北行，如今占据着香港经济的半壁江山；当近代上海开始通商，他们成为贸易大军的主角；当深圳成为特区，他们又最早出击，蜂拥争抢各个领域的商机；当上海浦东设新区、当西部大

香港潮州商会

香港被殖民统治后，潮汕人是率先进入香港进行经营开发的群体之一。在香港发展的同时，潮汕商人也取得了巨大的成就，涌现出像李嘉诚这样的华人企业家。

香港潮州商会成立于1921年，是香港潮籍社团中历史最悠久、最有代表性的工商团体。李嘉诚、饶宗颐、陈伟南等知名人士都是香港潮州商会的荣誉会长。自创办以来，商会不仅积极为会员拓展商机，推动国际贸易的发展，而且在潮汕家乡捐资助建各种文教体育、医疗卫生等大型公益设施。（照片来源：香港潮州商会）

开发……潮汕人总是能敏锐地把握住机会，第一时间到达，成为发展热点的开拓者。潮汕人正是如水一般，朝着生存与利润的洼地流淌，千百年来奔流不息。只有认识到这一点，我们才能理解为什么潮汕人在本土有一个潮汕，海外有一个潮汕，海内又有一个潮汕。而且，这些流出去的潮汕人都是潮汕的精英，因为他们最能代表潮汕人的流动精神。

二、适应性与进取性

水无常形，水的禀性就是奔腾不息、心向大海。但是水不管流到什么地方，都会依据地形作出调整：它们在峡谷奔流，在平原流淌，在水库池塘休憩，不管是什么样的地形和温度，水都会根据地形改变自己的形状和状态以适应环境。潮汕人在漫长的发展史中，也一直在流动着。同时，他们也像水一样，不管到了什么地方，都能很快适应当地的生存环境和经营环境，很快融入当地社会。然后，用他们极其敏锐的商业头脑，吃苦耐劳、顽强拼搏、笃行如一、迅速发展，在所迁之处如鱼得水般地生活。

当潮汕人的祖先从遥远的北方来到福建，从福建进入潮汕大地之后，他们很快就融入了当地的自然经济环境。然后，在这个山水相连的环境里创造了种田如绣花的农业传统。同时，他们又随着水流，在世界各地创造了一个又一个商业传奇。

（一）顽强的适应能力

如水般流动的潮汕人能适应各种复杂的生存环境和经营环境，成功的方法多种多样。

当潮汕人背井离乡，到东南亚谋生的时候，迎接他们的是各种各样的考验。著名学者冷东对华侨在东南亚谋生的艰辛有一段描述：

> 从外部条件看。首先主要是西方殖民者对海外潮人的排斥、迫害和打击，时间之长、程度之严重到了令人发指的程度。其次是受到当地统治者和土著民族的压迫和排斥，由于政治上的恐惧、种族偏见和文化上的自卑，等等，潮汕地区海外移民受到加倍的苦难。[1]

---

① 冷东．潮汕海外移民研究管窥．广州大学学报，2001（1）

面对这些困难，华侨们以顽强的适应能力探索出一条生存发展之路。

由于外出的外侨，文化水平普遍不高，缺乏理论指导，一开始他们按照经验和本能，把家乡的经验带到南洋，企图以共同信仰和宗族的形式创建自治组织，与当地政府和土著对抗。

如18世纪至19世纪印度尼西亚西加里曼丹的众多华侨公司中，除去客家人建立的公司外，“海外潮人占有重要地位。这些海外潮人的组织，建立了一些政治、经济、军事、司法及文化方面的制度，在控制的大片地区中，几乎华侨社会所有的一切，诸如就业、福利、纠纷，甚至偷窃、谋杀，都得由公司本身解决，是带有政权色彩的社会自治组织”[①]。

但是他们马上受到了西方殖民者与当地土著居民的压迫与打击，荷兰殖民者对他们进行了八天八夜的屠杀，大量华侨被残杀，华侨组织被破坏。当时的荷兰总督罗赫生称：

> 国家尊严，已被维持，三发苏丹及泰雅克人之权力，已被尊重，华侨公司，也被一劳永逸摧毁了。[②]

带有政治色彩的社会自治组织失败后，身处东南亚的海外潮人在方言凝聚的基础上，又以秘密会党社团的形式团结起来，这也是一种宗族观念和民族文化的认同情结。继而通过各种办法，取得当地政府的认同。如20世纪初泰华社会著名人士郑智勇，他“以加入海外华侨社会秘密会党而起家，结交泰国本地上层人物，承包泰国政府的‘赠铜’，开设‘花会’赌场。在发财后办事业、开洋行、航运、银行乃至办报纸等，并把业务扩展到香港、新加坡等东南亚国家和地区以及中国的汕头、上海等地，成为当时泰国海外潮人中最显赫的人物”[③]。潮汕华侨有一句俗语：“生有二哥丰，死有宋大峰。”“二哥丰”就是郑智勇，他的成功使大量华侨得到了帮助，很多生计无着的人都因得到他的帮助而得以谋生、发展。

经过反复的实践之后，潮汕人最后选择了通过各种形式快速融入当地社会的方法。

---

① 冷东. 潮汕海外移民研究管窥. 广州大学学报，2001（1）

② 罗香林. 西婆罗洲罗芳伯等所建共和国考. 香港：香港中国学社，1961

③ 冷东. 明清潮汕地区的海外移民. 第七届明史国际学术讨论会论文集，1999

正如清代王大海的《海岛逸志》中所述华侨的情况："他们语番语，食番食，衣番衣，读番书。"[①] 他们到达海外之后，为了尽早地融入当地，学说当地语言，适应当地的饮食习惯，穿当地人的民族服装，娶当地人为妻，体现出了惊人的适应能力。

所以，在泰国旅行，你常常会碰到很多看上去皮肤黝黑的泰国人自豪地跟你说，"我是潮州人"。

1928 年，泰王拉玛七世在一所华侨学校演讲时说："华泰血统关系不可分，大部分泰国人民都有华族的血统，我就是其中的一位。"

今天，泰国著名的泰丹意集团的猜育・干那戌、泰国电信巨头读信・泰那越，他们都是潮州华侨，从他们的名字甚至长相我们已经很难看出他们是华侨，但他们都知道自己是潮汕人，他们已经融入泰民族之中了。

此外，潮汕人对侨居地的文化适应也表现得非常出色。如他们在巴达维亚华人公馆的诉讼档案中，还保留了许多潮州商人或移民处理唐山与巴达维亚之间的借贷与债务关系的个案。在这些案件中，潮州商人表现出了在不同国家的商业法律制度之下，维护跨国的金融信用关系的高超技巧与能力。[②]

（二）抱团而聚的潮人组织

一滴水要想不被蒸发而消于无形，且能获得永恒的生命力，那么最好的办法就是融入小溪，汇于大河，流入大海。水只有在群体中才能获得源源不断的巨大能量。外出的潮人最能深刻地理解这一精神。"非团结无以求生存，非团结无以谋发展"，只有依靠组织的力量才能在艰险的他乡获得生存发展的机会。于是，外出的潮汕人很早就懂得利用同乡组织的力量。

一直以来，外出谋生的潮汕人，所到之处，会馆林立。早在明宣德年间，潮州会馆就已经出现，清初商业最发达的苏州会馆更是盛极一时。根据苏州会馆的碑文记载，苏州仅吴县一地，从康熙四十一年到乾隆四十七年，80 年时间就置产 18 处，合计白银 30 665 两。馆内建有天后宫、关帝殿，供奉天后、观音、关帝等潮汕人共同信奉的神

① 王大海．海岛逸志．香港：香港学津书店，1992

② 陈春声．潮汕人文特征的社会竞争力．潮商，2011（1）

祀。同一时期的浙江丝绸商人集 7 200 两白银建成的钱塘会馆也曾显赫一时，但与潮州会馆相比，完全不在一个档次上。苏州是当时全国的工商业中心，当地建立的会馆、会所有 90 多家，以潮州会馆的规模最大、品位最高。①

苏州潮州会馆

苏州潮州会馆是国内现存最完善的潮州会馆，至今已有 300 余年的历史，被列为苏州市文物保护单位。会馆富丽堂皇、庄严典雅，既有江南的建筑风格，也不乏潮汕建筑特色，南北文化交融于此，精妙绝伦。

潮州会馆印证了潮汕人活跃的经商史，见证了清朝以来潮汕人在苏州及长三角一带出色的商贸活动，同时也是潮汕人在外团结互助、心系家乡的体现。（照片提供：苏州潮商会）

海外的潮人组织更是以语言、信仰、乡谊为纽带，以会党、会馆等组织形式，创建了各种社团组织。

杜桂芳教授在《潮汕海外移民》一书中，对海外移民的作用有详细的记述，这些潮人组织为海外潮人的生存和发展提供了保障。

调解纠纷，议决潮人公事，敦睦乡谊；管理所属庙宇、财产，主持祭祀；购置及管理墓地；创建学校吸收当地潮籍人士子女入学。初期还包括为新到南洋来的潮汕人介绍职业，安排生活种种事宜，组织谋生创业活动。它们确实解决了出国潮人都可能碰上的种种麻烦和难题，使出国潮人感到家乡、亲族般的温暖。社团既是他们求取生存的基地和合作组织，也是他们办各种事业的堡垒和休闲去处。正因为具有如此的作用，据粗略估计，潮汕人所在国的这种海外社团至今已发展到近 500 个。②

---

① 周召京. 潮州会馆史话. 上海：上海古籍出版社，1995

② 杜桂芳. 潮汕海外移民. 汕头：汕头大学出版社，1997

至今，全世界的潮汕人社团有国际潮团联谊年会、潮商大会、国际潮青联谊年会等组织。国际潮团联谊年会每两年举办一届，所到之处，都得到了各国政府的高度重视。潮商大会、国际潮青联谊年会都已经成为具有广泛影响力的世界性潮汕人社团组织，这些组织进一步提升了潮汕人的生存能力和影响能力，潮商由此成了一支不可忽视的社会经济力量。

第十五届国际潮团联谊年会

国际潮团联谊年会是潮汕人最高级别的国际联合组织。从 1981 年开始举办，至今已经举行了 15 届年会，参与人数与年俱增，其国际影响也逐届增加。国际潮团联谊年会所到之处都受到轮值地政府的高度重视。（照片来源：香港潮州商会）

第四届潮商大会

2004 年 5 月 18 日，国内 20 个潮汕商会在南京共同倡议召开首届潮商大会，并于 2005 年 6 月在汕头召开首届潮商大会。潮商大会是一个由国内潮商组织主导的国际性潮商交流平台。潮商大会至今已经举办了 4 届，其影响日益增大。当前，潮商群体正随着国家经济的快速发展而迅猛壮大。（照片来源：香港潮州商会）

目前，世界很多国家的潮人会馆在当地都有很大的影响力，如泰国潮州会馆、新加坡潮州会馆、法国潮州会馆，等等。泰国聚集了海外潮人总数的80%，其会馆的影响力自然也是最大的。新加坡有272万华裔，拥有65个潮人社团。在国内经济发达的城市，潮人商会的影响力也正与日俱增，特别是深圳、上海、北京、南宁等地的潮商会。深圳的潮商会，其影响力更是远远超出深圳的范围。

（三）充满进取精神的潮汕人

潮汕人的适应性并不是单纯被动的，而是在适应过程中充满了进取精神。商海中的潮汕人，尤其是旅外潮商更是充满了强烈的进取精神。对他们来说，外出并不只是为了适应当地的生活，生存下去，还要积极努力地赚钱。古时出洋的潮汕人，他们还承担着养育家人的责任，有衣锦还乡、光耀宗族、造福桑梓的责任。于是他们中的很多人都从最底层做起，特别吃苦耐劳。从小做起，逐渐积累，努力寻求机会，然后开店、设厂，坚定执著地去实现他们追逐财富的光荣和梦想。在这种精神指导下，他们对于商业契机的把握，如水银泻地般无孔不入。

至今，整个潮汕的族群仍在全国到处流动。他们所到达的城市，从菜市场到金融、信息领域，无不体现出顽强的适应能力。现在，深圳的肉菜市场，95%以上的摊档都由潮汕人经营，各类型的专业市场基本由潮汕人控制；高端信息产业则有腾讯为代表的一系列计算机网络服务公司，控制巨额财富的地产商人更是不计其数，真正体现了商者无域的水性特征。

著名经济学家郎咸平在接受凤凰卫视专访时关于潮商有这样一段描述：

潮商帮当然做了很多的商业，这都是很平常的事，但我觉得有一件事情很值得我们大家关切。就是在1850年左右，鸦片战争前后，大量鸦片进入中国，毒害中国人。也就是潮州帮在这个时刻帮助清朝清剿太平军，也帮助清朝清剿别的所谓的叛乱，所谓的农民起义。因此，潮州帮获得了一个前所未有的特权。这个特权就像是以前淮商的专卖盐权一样。取得一个什么特权呢，卖鸦片的特权。鸦片专卖权到了1906年，也就是清朝光绪末年的时候，清朝政府禁止贩卖鸦片。那么

各位请想一想，潮州帮在贩卖鸦片的时候，成为全国最重要的商帮之一，积累了大量的财富，那么突然之间不准卖鸦片，你们能不能想象到是什么后果？会不会像湖州商人一样呢，由于蚕丝生意突然失败之后，整个湖州帮垮台？会不会像徽商一样呢，贩盐，如果盐出了问题，整个徽州帮垮台？潮州帮呢，会不会因为1906年清朝政府禁止贩卖鸦片而使得整个帮会迅速垮台呢？没有，请注意他们是所谓的民风强悍、人才辈出的这么一个商帮，他们的弹性极大。不但知道通过婚姻关系致富，同时给他们一个机会，他们能做到的是你不可想象的好。就在1906年禁止鸦片贸易之后，大量的鸦片资本进入现代化工业，进入现代的银行业。进入现代什么工业？我这里给各位做了一个看板，请看一下。我非常佩服他们。你们要注意，这种专卖权丧失之后，通常就是一个商帮结束的这种惯例，在潮州帮你却看不到。当他们的鸦片贩卖权丧失之后，他们做了这个事。1916年，潮商郑培之、郭子彬合资创办的不是什么鸦片厂，而是鸿裕纱厂，他们纺纱去了。两年之后又创办了鸿章纺织染厂。1921年，陈姓的也是一个土商，所谓土商就是土鸦片商，以120万两，一艘铁甲舰的钱，创办了纬通纱厂，进行工业化的转换。你拿这个事情相比你就会发现，湖州商人、徽州商人甚至晋商都比不过他们。真正能够跟他们一较长短的，除了宁波商人之外，我看不到其他商帮。能够在这么短的时间之内，由最原始、最落后的鸦片这种资本积累一下进入到现代工业。你知道吗？这个纱厂是当时的IT业，当时的互联网行业，是非常热门的行业。我们现在看纱厂觉得老掉牙了，但当时不是的。另外就是进入钱庄业。钱庄业在所有的商帮当中，只有晋商的票号以及宁波商人的钱庄是最有名的。当鸦片资本出现问题之后，他们就进入了钱庄业，从1912年到1926年的14年间，潮州人总共开了33个钱庄，不可想象的，等于说33家银行，总资本额高达207万两。[1]

郎咸平并不是潮学研究的专家，但他在这段描述中，却敏锐地捕捉到了潮汕人高超的适应能力与进取精神，潮汕人正是以他们的原生文化、海洋文化中极其强悍的性格，去适应一切迎面而来的生存境遇。

① 郎咸平．了不起的潮州商帮．凤凰网财经频道．财经资讯，http：//finance. ifeng. com/news/20090916/1246971. shtml，2009－09－16

潮商遇境而当、当之能胜的这种适应能力，是潮汕人在漫长的商业史中形成的，是潮汕族群的深层文化精神。

陈荆淮在《从香港潮商沿革看潮汕人的经商特性》一文中也曾经描述了潮汕商人的这种经商特性：

> 潮汕商人最早到香港创业，但一直都做他们最擅长的潮汕人最熟悉的转口服务业：做米、药、茶、菜子、凉果、纸炭等，在30年代全球经济大萧条时，面对资金的匮乏，长于抱团而不长于合作的潮商们在马泽民的倡导下联合组建了香港汕头商业银行，渡过了难关。50年代，在国际对大陆实行经济封锁的情况下，香港转口服务业息微，潮商们开始艰难地转型。在潮商的文化传统中，一直都是长于商业而短于实业的。但是短短十几年时间，他们就在实业领域作出了大业绩，在塑胶、纺织、电子等行业做得风生水起。等到中国改革开放，香港潮汕商人又转向了他们最擅长的服务业。所以说，潮商的特点更长于经营服务业，但是，如果时势不允许，他们也能把工业做得非常成功，潮汕商人的聪明才智与非凡的适应能力可见一斑。[①]

三、低调坚韧的弹性性格

海之所以能够容纳百川，是因为其地势低；滴水穿石，是因为水有坚持不懈的韧性，水总是以一种柔和的韧性去表现它的坚韧品格。

（一）坚韧的商业精神

潮汕人的商业精神从其产生起就一直生生不息。他们从不因外部压力而中断，总是时而像涓涓细流，时而像浩荡的大河，流淌数百年而不停息。宋以前，政府鼓励海外贸易，潮汕人勇敢地走向莫测的海洋，为国家、为家族带来巨额的财富。到了明清，政府严刑峻法，进行海禁，他们又进行不屈不挠的斗争，走私—武装对抗—远走海外，传统不灭，精神不死。

正如陈春声教授在《潮汕人文特征的社会竞争力》中所说：

---

① 陈荆淮．从香港潮商沿革看潮汕人的经商特性．潮汕文化（初集）．广州：广东高等教育出版社，1992

有意思的是，就是在官府威胁“如有故犯，俱以通贼处斩”的迁海时期，在海外（如日本长崎）的历史文献中，仍然不时看到潮州商船到国外进行贸易的记载。[1]

在海外面临不同国度的商业环境，他们都能坚韧而行；面对不同时代的经济特点，他们也能坚持不懈；即使是在那个如火如荼的“割资本主义尾巴”的时代，潮汕本土的乡间小贩也未曾断绝，更不要说海外的潮商了。这一点是其他商帮所无法比拟的。这种坚韧，正是来自于水性精神。当晋商、徽商被历史的车轮湮没时，潮汕商人却因为海洋、因为流动而获得了生存发展的空间。

（二）坚韧的文化史

不管是潮汕原住民，还是中原移民，自从来到这片土地，他们便经受了诸多难以承受的磨难。当语言变得异于主流，当文化从共性变得独特；当这里从乐土变成苦难之地，他们仍一直坚守着。至今，这里的文化就像一块中华文化的活化石一样，保留了最古老的文化传统：保留入声的古代语音，保留定语后置等古代语法及其他古汉语的表达习惯；中原的古乐，潮州音乐是公认的古音，笛套更被认为是典型的古代宫廷音乐；古典的民间工艺，如剪纸、潮绣，……潮人的这种坚持正是水性精神的体现。所以，潮汕人的生存智慧正是来自于他们如水般的流动性。

（三）低调的实用主义者

潮汕人虽然在各个领域作出了很大的成绩，但是不管是在商界的潮汕人还是在政界的潮汕人，都保持低调，反对张扬。每一个潮汕人都是实用主义者，有反理论倾向。潮汕人有句俗话叫“发财爱静”（一定要不声不响地赚钱）。他们深刻地明白一个道理，为人处世，赚钱谋生，积德行善，都要以低调为主，这是保障他们到处流动、四处谋生的关键。所以，尽管在外的潮汕精英创造了一个又一个的商业神话，做了无数的慈善事业，但他们自己鄙夷自我宣传，不事张扬。

汕头电视台《今日视线》节目开通后，成为全国收视率最高的地

---

① 陈春声．潮汕人文特征的社会竞争力．潮商，2011（3）

方电视栏目。借助这个栏目，电视台报道了大量关于潮汕地区的危困情况，每次报道后，都会收到大量的热心捐款，社会各慈善团体也纷纷参与。不久前，有一位叫“关微”的人就陆续寄钱委托栏目组替其行善，但其人一直未曾露面。2006 年，《今日视线》率先推出“寻找关先生”系列报道，追踪报道了化名为“关微”的人多年来默默开展扶贫助学的事迹。在《今日视线》报道播出后，中央电视台、《南方日报》等多家媒体加入了追踪报道。据了解，“关微”已经在汕头市帮助过很多病童、孤儿和困难群众，包括资助希望小学等，连年来捐款近两百万元。中共中央政治局委员、广东省省委书记汪洋看到报道后，对“关微精神”给予充分肯定。直到今天，“关微”仍不愿在媒体前露面，却一直与《今日视线》保持联系，并继续着他的慈善事业。如今，“关微精神”已经成为扶危济困、乐于助人的潮汕人精神的标志。

在潮汕，像“关先生”这样的人非常之多。比如广东潮商会会长游德武捐资 1 500 万给家乡作“水改”之用，副会长林乐文捐资1 500 万给家乡办学等，他们都有一个共同的要求，就是不要媒体报道。据笔者了解，很多潮汕商人都知道通过慈善会进行捐款可以抵税，但是，为了低调行事，为了不留名，很多人都放弃了抵税。

不懂政治，不长于宣传，过于低调，特别是正面宣传少、负面新闻多，使潮汕人多被诟病。

正如本书“敬神乐生的生命意识”一章中所陈述的那样，潮汕人在玄武精神的作用之下，自小就接受了少说话、多做事的告谕，个个都是实干家。但是，在信息社会，在传播学大行其道的时代，这种过于低调务实的行为方式很不适应时代的需要。

信息业是最容易被媒体关注的产业。在中央电视台，我们常常可以看到很多信息业的老板，但作为中国信息行业邻军人物的马化腾很少露面，因为他就是一名潮商。长期接受儒家传统文化和移民文化熏染的潮商们基本都体现出这种超级低调的特征。像长期高居胡润财富榜首位的黄光裕，在潮商圈中是个高调的特例，同时也因此被诟病，实践也证明这种张扬是失败的。非常有趣的是，黄光裕受挫之后，2010 年胡润财富排行榜中，潮商企业的财富都大大缩水了。

其实，过分低调或许并不适应形势。今天，潮汕的商业精英和知识精英已经有不少人认识到这一点。潮声卫视、《潮商》、《天下潮商》、潮商研究会等一批媒体和研究机构的运作，以及无数潮汕文化网站的建设都正在力图改变这一局面。

四、包容的文化心态

由于潮汕文化具有海洋性特点，旅外文化是其重要构成，这使潮汕文化具备了开放性的文化品格。一直以来，旅外潮人在向海内外输出本土文化的同时也为潮汕本土带来了大量的外来文化因素，并能兼容并蓄，实现超越，这是潮汕文化的优良品质。

潮汕人是一个流动的族群，他们在海内外四处流动，这培养了他们包容的气度。到了异乡，他们能接受、融入当地文化。而本土的潮汕人也能以较大的气度去接受外来文化，形成潮汕本土包容的文化特点。因此，在潮汕，表面看起来很独特的文化形态，大部分都是包容的结果。

在宗教信仰方面。现在的潮汕，佛教、道教、基督教、天主教和极其复杂的民间信仰汇聚一堂，大家和谐相处，甚至交叉融合。在潮汕，佛道常常同居一庙，玄武山佛祖就是其中的典型。在惠来沿海，从海中捞出的耶稣像甚至还被放到了妈祖庙中，与妈祖一起受人供拜。这似乎不合某种宗教理论，但这种宽容之心为潮汕构建了一个向善的宗教世界，塑造了潮汕人善良大度的文化气质。在汶川地震的赈灾活动中，汕头宗教界就捐款900多万元。

潮阳西园

潮阳西园由潮汕本土商人萧钦兴建，萧眉仙设计。西园将中原、岭南、江浙与西方的园林艺术融为一体，并进行了创新，虽然有缺点，但其更能体现出潮汕人敢于吸收、善于吸收外来文化的兼容与创新精神。

工业方面，潮汕著名的抽纱，就是欧洲的纺织技术和潮汕刺绣完美结合的产物。

建筑文化方面。潮汕民居特点鲜明，但也包容了大量的外来元素。其中，以“岭南第一侨宅”——陈慈黉故居为代表。其建筑特点以潮汕典型的驷马拖车为主体，糅合了中国与西方的建筑特色，如房屋内四周配以双屋的楼房，并点缀有亭台楼阁、通廊天桥等，这些都不是传统的岭南建筑。屋内的木雕及石雕都是典型的传统潮汕风格，而阳台、第二层的通廊天桥则以大理石为主。内部装饰除了雕梁画栋外，墙砖、地板有欧洲的，也有来自东南亚的，瓷砖的图案既有东南亚风情也有欧式的装饰。汕头小公园的规划建筑风格也体现了中西方建筑风格的交融而又适应当地商业发展需要的特点。澄海樟林著名的园林建筑——西塘，其建筑风格则是由在苏州经商的潮汕商人带回的。

流动的潮汕人带来了外来文化，通过与外来文化的不断交融，新中国成立前的潮汕文化一直给人以鲜活的感觉。樟林的西塘与潮阳的西园并称潮汕两大名园，是潮汕园林建筑文化兼容发展的代表作。西塘是樟林洋船船主林泮于清嘉庆四年（1799 年）请苏州园林建筑师建成的。清光绪年间由红头船船主洪植臣斥巨资购得西塘，派人到苏州寻找西塘原建筑师的后代，花巨资进行修葺而成。该园集住宅、书斋、庭园三者于一体，是潮汕第一座中西合璧，以苏州园林建筑设计为主的独特园林式建筑，充分体现了潮汕文化兼容并蓄的特点。然而因保护不力，如今，曾风光无限的西塘因周围地下水水道阻塞，长期被水浸而破败不堪。

樟林西塘

开元寺泰佛殿

开元寺泰佛殿位于潮州笔架山南麓，由谢慧如先生捐巨资兴建，是中国首座规模宏大的泰佛殿宇。佛殿仿照曼谷云石寺建筑风格，屋檐两侧有龙凤角状的翘角，其材质选择和装饰富有泰国建筑的艺术风采。开元寺泰佛殿是中外佛教文化交流的成果，是潮汕华侨文化回流的成果，充分体现了潮汕文化的包容性特征。

陈慈黉故居

陈慈黉故居号称“岭南第一侨宅”。位于澄海市隆都镇前美村，是旅泰著名华侨实业家、金融家陈慈黉及其家族在家乡兴建的大规模民居建筑群。始建于清光绪二年（1876年），历时近半个世纪，占地面积2.54万平方米，建筑面积1.68万平方米，共有厅室506间。陈慈黉故居既充分体现了潮汕人偏好华屋大宅和华侨文化中外交融的文化特点。

汕头的骑楼建筑

汕头的骑楼建筑的前半部临街部分悬空，形成临街长廊，人走在长廊可免日晒雨淋之忧，特别适合多雨地区的临街商业建筑。汕头作为一个近代新兴的商业城市，从产生之日就吸收了这种世界商业建筑模式，形成规模庞大的骑楼群。（摄影：黄勇哲，图例提供：沈陆澄）

饮食文化方面。潮汕美食举世闻名，原因就在于它的包容与超越，如流水般的潮汕人从各地带回了饮食文化并加以创新。著名的潮汕牛肉丸来自客家，但潮汕人在吸收的基础上加入了精细的潮汕文化，把牛肉丸做成了可以像乒乓球一样拍打的潮汕名牌小吃。著名的潮汕工夫茶也是从杭州传入福建再传入潮汕的，融入潮汕文化之后成为茶文化的典型。现在，中心城市汕头，虽然潮菜声名远扬，但是东北菜馆、川菜馆、山西面馆等全国各地的菜色都在这里会聚一堂，而且都生意红火。实在且包容的潮汕人对于各地的风格，他们都乐于去接受、品尝。

潮汕两种著名的地方文化，分别是潮剧和灯谜。潮剧其实来自于宋元南戏，最后形成于明代。潮剧虽来自于南戏，却超越了南戏。汕头澄海区是中国灯谜之乡，然而灯谜却是清代潮州商人从苏州带回的，在这里发扬光大。

潮汕文化至今仍然保持着浓厚的传统气息，虽有不少需要批判的地方，但总体上仍然是生动活泼、充满生命力的生活文化，其原因就在于它能接受各种外来的文化因素，有包容与超越的气度。正如朱熹名言“问渠那得清如许，为有源头活水来”。如果潮汕文化的这种包容精神能扩散到文化的各个方面，在带有根本性的文化精神上实现这种包容与超越，那将是潮汕人之福。

五、泽被万物的善性

水之至善，在于它能泽被万物而不自知。潮汕人有句俗语“好人好胶己”，意思就是只有别人好了自己才能好，潮汕人明白这种自然界共生共长的道理。这种精神用于商业领域，就是一种欲先取之必先与之的商业原则。在当代就是只有先保证客户的利益才能保证自己的利益的商业精神。因此，潮汕人在人际交往中常常会表现出一种慷慨大方的豪气，如吃饭时为抢着付钱而争得面红耳赤。潮汕人是一个特别讲究感恩、讲究回报的族群。由于潮汕是一个先有社会后有国家的地方，政府一直非常弱势。代表近现代文化发源地的汕头，开埠之初只是一个收税的机构，然后是一个商业机构，而后才出现了政府，甚

存心善堂的免费快餐

存心善堂发放大米

至相当长一段时间都是一个商人治理的城市。按社会学理论，这种地方比较容易发展慈善事业，因此，潮汕自古就是一个大社会小政府的地方。潮汕人的善性表现在他们一脉相承的慈善传统上，由于此部分内容在“义利并重的价值取向”一章中已有专门论述，在此不一一展开。

第三节　水性精神之缺失

一、流动精神造成本土人才大量流失

带有海洋性文化的潮汕人，水性精神使他们具备了诸多的优良品格。但是，一种精神品格的形成，有其优点，也必有其缺点，如一个事物的正反两面。正如我们在前文所言，潮汕人是一个如游牧民族般追逐商业机会而行的族群，潮汕人中的精英崇尚在追逐中实现他们的价值。潮汕人虽然创造了灿烂的商业文明，获得了巨大的财富，但时至今日，潮汕在广东全省仍然是不发达地区。特别是汕头经济特区，虽然作为全省、全国改革开放的先锋，但是现在其经济发展水平已经远远落后于广东省平均水平，甚至落后于全国的平均水平，如今人均GDP只及全省的一半。这其中虽然有政府竞争力的原因，但最终仍可归结为文化原因，而这个原因亦与潮汕人的水性精神有关。

2000年第五次全国人口普查，粤东四市初中及以上文化程度的人口比例在广东全省21个地级市中排名垫底。这种垫底现象既有潮汕生育观念落后的原因，也有人才大量流失的原因。

当汕头率先成为全国最早开放的四个经济特区之时，汕头成为潮

汕人的乐土，潮汕大地的精英纷纷涌向这个经济特区，但当特区遇到困难，特别是“807”、“815”事件之后，潮汕经济发展进入阻隔期，于是大量精英带着其企业流向发展机会更好的珠江三角洲地区。从2000年至今，仅汕头一市，撤走撤销的企业达4 000多家，许多经过十几年发展聚集起来的产业链破坏了，人才也随之大量流失。

以汕头为例，2000年以前，特区经济发展良好之时，有75.5%的汕头籍本科毕业生选择回乡工作。然而在2000年和2001年中央工作组整肃之后，经济出现负增长，本科毕业生回乡人数到2003年下降至35.9%。近十年来，由于经济发展缓慢，回乡大学生比例逐年下降。以下是2008—2010年汕头回乡本科毕业生相关统计数据：

表1－1　2008—2010年汕头回乡本科毕业生相关统计数据

年份（年）	高考上线人数	本科人数	第一批人数	回乡人数	本科毕业生回乡比例
2008	23 975	11 467	3 055	3 233	13.5%
2009	30 209	14 457	3 710	3 597	11.9%
2010	30 965	15 646	3 709	7 173	23.2%

历年来，汕头考生的高考成绩都相当优异，特别是高分层，即重点线以上考生。2008年，重点线以上考生在广东全省排名文科第三，理科第五。2009年，重点线考生人数全省排名第二。2010年，汕头报考人数占全省考生总数的5%，前100名内，文科占15%，理科占7%。但是，知识精英毕业后大都流向发达地区，仅有极少的大学生回乡，且大部分是本科以下，多为女生。同时，在2000年以后，由于公共财政状况不佳，教育投入不足，“十五”期间至2004年，汕头高中阶段毛入学率仅为56.53%，约有40%的初中文化程度以下的人流入社会。形成了精英人才外流，素质较低的人口留驻在潮汕本土的局面。当然，这种流动也造成另一种影响，那就是提高了外出潮汕人的文化素质。但是，经济社会的发展最终要靠人才，区域发展归根结底是人的素质的竞争，因此，在潮汕这种人力资源构成之下，潮汕地区的经济社会发展水平普遍较低。

二、侨乡社会所产生的惰性

精英人才的外流在潮汕本土形成了侨乡社会，侨乡也培养了本土潮汕人的惰性。潮汕有句俗话“番畔钱银唐山福”，这句话充分地说明了侨乡社会以侨资为生的特点。漂洋过海、外出谋生的潮汕人凭借着他们的吃苦耐劳和进取精神赚取了大量财富，创造了无数商业神话。他们怀着浓浓的家乡情怀把钱寄回故土，使故土守望的家人有了享受生活的条件，但同时也助长了一部分本土潮汕人等、靠、要的惰性。这样就使潮汕社会形成两个分裂的群体，在外的潮汕人形成一个开拓进取的精英群体，在内的潮汕人则相对懒散。

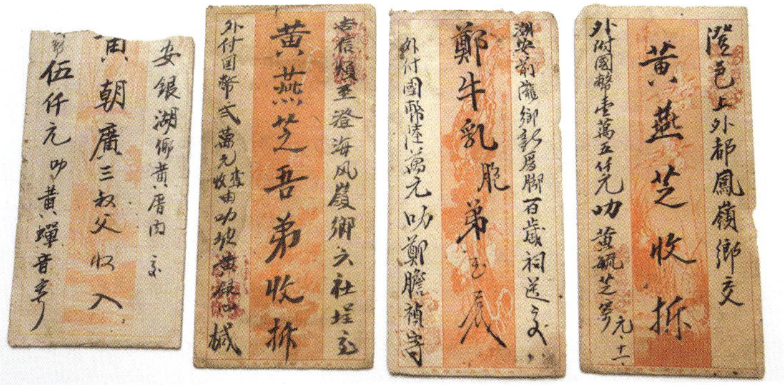

侨　批

侨批，是旧时海外华侨与家乡往来的书信与汇款单，是海外华侨联结潮汕本土的最主要沟通方式。通过侨批，海外华侨辛勤劳动所得的财富源源不断地流入潮汕本土，形成侨乡社会。

此外，侨批也是潮汕人诚信精神的体现。由于当时金融邮政机构尚未建立，侨批的往来全靠民间渠道，华侨将款项和书信交至民间的侨批馆，后由侨批馆负责送批和款项。潮汕人诚信经营的精神在侨批上体现得淋漓尽致。（侨批提供：蔡少明，摄影：黄勇哲）

新中国成立前的1947—1949年，汕头共收到海外侨批500多万封，批款总额达到3.2亿港元，平均每年在1亿港元以上。潮汕地区靠侨批为生者，占总人口的40%～50%，侨眷家庭每月收入的80%来自于侨批。[1]

① 王炜中，杨群熙，陈骅．潮汕侨批简史．汕头：公元出版有限公司，2007

西胪西凤村的别墅及西凤中学

虽然潮阳西胪镇是一个农业镇，但到过潮阳西胪西凤村的人，都会为村里一大片豪华别墅群所吸引。因为这里是著名的建筑之乡，从这里走出去的房地产、建筑商人遍布全国。这些别墅群的主人多为房产、建筑商人及其亲属。他们不仅为自己及亲属营建私宅，当地的学校等其他公益事业也在他们的捐助下，建设得气派非凡。（上图摄影：庄勤乐，下图提供：潮阳西胪镇政府）

杜桂芳教授曾对澄海21个村的211个侨批进行研究，得出的结论就是，外出谋生者极其辛苦地打拼赚钱，在外省吃俭用，在家者却不体谅他们的辛苦，一味索取，极尽享受。

至于牙膏、面巾、香皂、床单、围巾、皮鞋、红毛毯、纱线、川绸、褛、帽、上海呢鞋、汗衫、羽布、粿印、锅盘等物，汕头自1861年开埠以后，作为商埠，海运南来北往，商业发达，这些物品理应大多能买到。可家属们却舍近求远，纷纷向外洋索求。钟表坏了也要托人带到南洋修，这就更离奇了。看来他们并不关心旅外者的承受能力如何，也不思物品从海外寄回来，费心费力又浪费运费。如此一味依赖、毫无顾忌的心理人人如是，家家一样。[①]

① 杜桂芳. 潮汕侨批：义务与权利——以强烈的心理需求为特征的家族观念. 华侨华人历史研究，1995（4）

应该说，这种现象是侨乡文化的一种表现，有其共性。直至今天，在潮汕经济发展碰到诸多障碍之后，潮汕精英群体散布到全国各地，他们在一定程度上仍支撑着本土的消费。以汕头为例，虽然自 2000 年后，经济发展缓慢，到 2010 年，经济发展速度居全省最后一位，但居民储蓄不断攀升，消费依然强劲。社会消费品零售总额却一直强势增长，成为支撑经济发展的重要力量。2009 年，汕头 GDP 排名全省第 10 位，但社会消费品零售总额达到672.59 亿元，全省排名第5 位，是各项经济指标中最靠前的一项，这与侨乡文化有关。

三、适应性带来的政风问题

当潮汕人的适应能力与他们的商业天赋联系在一起时，其适应性的危害就体现出来了。潮汕总体政风不尽如人意，其中一个重要原因就与潮汕人流动的适应性有关。一直以来，他们对政府的要求很低，对一些政府官员的腐败缺乏足够的鞭策、监督心理。而当他们运用精打细算的心思进行计算之后，发现跟这些官员对抗是完全不划算的，妥协和合流更符合经济原则，官商勾结等不利于地方发展的因素由此大量滋生。而且，当地方政风影响投资之后，他们会带着资本流动到更适合发展的地方，所以他们没有必要选择抵制与对抗。但是，历史是在斗争中前进的，当精英不与歪风作斗争，而是选择离开，那么地方文化的推动力量就消失了。潮汕发展过程中遇到的诸多困局因此得不到解决，最后便积重难返。

此外，抱团而聚所带来的排外问题，因超越而产生的逆规则心理，低调所带来的疏于宣传等问题我们将在后文中一并叙述。

第二章　利义并重的价值取向

潮汕人是一个逐利而行的群体，他们有着敏感的商业意识，是天生的商人，这种精神来自于潮汕人悠久的商业传统。在中国的各大商帮中，如晋商、徽商、浙商等著名商帮都曾在历史的天空中绽放出耀眼的光芒，但没有哪一个商帮能像潮商这样坚韧，有如此绵长的生命力。潮汕人的商业传统延续千年直到今天，不管是明清的海禁时期，还是“文革”时把资本主义当作洪水猛兽的年代，这种传承都未曾完全断裂。“文革”时期的潮汕，挑着杂货的卖货郎仍然行走于大街小巷，大声地吆喝叫卖。由于潮汕人遍布世界各地，潮汕人的商业传统一直在海内外不断循环往复、生生不息。在漫长的商业传统中培养出来的商业意识和逐利精神，已经深入到每一个潮汕人的血脉之中，成为这个族群的集体无意识。同时，因为潮汕是一个先有社会，后有国家的地方，也因为潮汕的宗教精神和宗族传统还有潮汕的迁移史等，培养了潮汕人强烈的重义情怀。他们在逐利的同时充满了仗义之心，体现出利义并重的价值取向。潮汕有句著名的俗语：“买卖算分，相请无论。”意思就是做生意一定要精打细算，一分钱都不能马虎，但是请客送礼，朋友之间，则一定要大方，不可斤斤计较，这是潮汕人对利义观念的一种通俗的概括。

第一节　逐利而行的潮汕人

潮汕人被称为“东方犹太人”，他们有着漫长的商业历史，有着巨额的商业财富。

早在 1995 年香港《资本家》杂志就曾发布一份“全球华人富豪榜”，个人资产在 1 亿美元以上的上榜华人富豪有 368 人。以祖籍划分，就有包括李嘉诚、林伯欣、谢国民等在内的 60 位潮商，他们的总财富为820.5亿美元，占全球华人富豪总财富的1/4。

潮汕人中拥有华人首富，还有新加坡首富、欧洲华人首富、加拿大华人首富、澳大利亚华人首富……泰国富豪前20名是潮汕人，潮汕人拥有香港1/3的上市公司……可以说，他们是天生的商人。

一、潮汕人商业传统的形成

潮汕人是公认的最会赚钱的群体之一，在全球化和中国对外开放的历史大潮中，潮汕商人的力量如旭日初升，迅猛发展，在国内的发展尤其突出。若对这一传统追根溯源，我们便可明白它的优长劣短。

潮汕人的商业传统最早可追溯到汉，当时的潮州已经成为北方与越南联系的中继港，在南越时期就会建造比较大的船只。宋之后，商业更加发达。当时的潮州虽然不是法定的对外贸易港口，但是陶瓷产业的产量、规模巨大，已经堪称“南国瓷都”，生产的陶器大部分是外贸产品。

据吴榕青、庄义青老师考证，当时潮州的工业，如煮盐业和陶瓷制造业已经非常发达了。当时潮州年纳盐额达3.3万石，占广东的1/3；[1] 当时潮州的瓷窑，方圆十里之广，光一个笔架山第十号窑，年产就超过50万只，成为宋代的“南国瓷都”。[2]

宋代为了发展经济，增加财政收入，还出台了奖励贸易的措施。北宋期间开始在沿海重要港口普遍设立市舶司机构以管理对外贸易，并任命专职官员进行管理。宋神宗时期，更把发展海外贸易作为加快国家经济发展的一项重要措施，宋廷规定：

> 闽、广舶务监官抽买乳香每及一百万两，转一官，又招商入蕃兴贩，舟还在罢任后，亦依此推赏。[3]

在这些措施的刺激下，热爱工商业的潮汕人如鱼得水，宋代潮州经济得以快速发展，在潮汕人的记忆中，宋代是潮汕人的理想国。

进入明代，由于明政府实施海禁政策，特别是专门进行合法贸易的管理机构——福建船舶司迁至福州之后，泉州商业中心的位置迅速

---

① 吴榕青. 宋代潮州的盐业. 韩山师范学院学报，1997（3）

② 庄义青. 宋代潮州的陶瓷生产及外销综述. 韩山师专学报，1995（1）

③ 脱脱. 宋史·食货志. 北京：中华书局，1985

衰落，商业的衰落使漳州、泉州两地居民失去了生计，于是，他们开始向外寻求机会。一是在朝廷疏于管理的沿海小港口继续进行海外贸易，二是迁居潮汕。潮汕拥有得天独厚的天然海港和绵长的海岸线，再加上稻米、陶瓷产量大，非常适合从事商业贸易。当时的港口有柘林、南澳、樟林、盐灶、东里、海门、神泉、靖海等，都是出洋贸易的港口。特别是南澳岛，由于远离大陆，加上地处广东与福建的交界，朝廷很难实施有效管理，于是，这里便成为当时沟通南北的国际走私贸易中心。广州、闽浙、日本、东南亚的货船都在这里停泊进行私人交易。日本人更是很早就在这里建屋定居。所以，当时的福建人为了谋生、赚钱，大量移居潮州，类似于当年山东人为谋生而闯关东。

贾人欲得厚利者，皆相率南入粤东，号称走广。[①]

于是，潮汕人的商业文化进一步发展。

但是，明朝的海禁政策执行得并不坚决，在地方官员的说情之下，曾一度放开海禁。

正德年间，明政府鉴于广东地方海上贸易不可禁绝的事实，允许海商船由“官府抽分，公为贸易”。（《明武宗实录》卷一一三）

在政策鼓励下，压抑的潮汕地区海外贸易迅猛发展起来。但是明世宗即位，朝廷再施海禁。对于中央政府这种反复无常的政策，包括潮汕在内的沿海居民都有强烈的抵触情绪。花巨资购买的船只，已经投入的生产，已经签订的贸易合同并不是随时可以停止的。于是，他们为了谋生，开始偷偷摸摸进行海外贸易。由于古时的潮州是一个十分偏僻的地方，与外界交通不便，又地处粤闽交界，政府管理的力量很小，再加上地方官员比较腐败，执政能力差，所以，潮州商人的私贸行为并没有受到多大的阻碍。在放任之下，走私越发大胆，最后他们终于不顾政府禁止，公然大规模进行海外走私贸易。当禁令突然严格，商人也武装起来，成了既做生意，又打仗抢劫的海寇商人，有的甚至发展成为为害东南沿海的海盗。在明政府的强力扫荡之下，海寇

① 叶恩典，丁毓玲．试析明清时期闽南人向粤东地区的移动．潮学研究（3）．汕头：汕头大学出版社，2003

商人败走东南亚，继续从事他们的商业活动，成为华侨，但这种商业传统一直延续着。与其他地方的商业传统不同，潮汕的商业传统由于海洋的存在，自其产生之后，就一直没有停息，有一种绵长之力，推动着它走向现当代。

清雍正五年，政府不再禁止海外贸易，甚至还出台鼓励政策，到南洋进口稻米捐给政府，甚至还能得到七品或九品的顶戴，经商甚至可以成为进入仕途的一条捷径，这对于惯于做生意的潮汕人来说，真是莫大的喜讯。于是，在商业领域里长袖善舞的潮汕人如鱼得水，更多的潮汕人加入了浩浩荡荡的贸易船队。潮汕成为红头船的故乡，潮人的商业传统一步步走向成熟。明清时期，潮汕人为了得到贸易权而与中央政府进行斗争的同时，也开始在国内各大经济活跃的城市聚集，形成会馆，最早在明正德年间，潮州会馆就已经出现，在会馆的推动下，潮汕人在国内外的商业越发成功，商业氛围进一步强化。

1840 年，随着国门被西方列强打开，汕头成为通商口岸，潮汕迎来了它历史上最辉煌的时代，潮汕人的商业天赋被最大限度地发掘出来。他们从传统的潮州八县来到汕头这个新兴港口，之后迅速向上海等商业中心聚集，并成为上海最有影响的商帮之一；他们中的一批到达当时一片荒凉的香港，成为香港最有影响力的商帮；他们从合法的鸦片贸易扩展到银行、抽纱、铁路、贸易行业，并从潮汕扩散到全世界。即使是在新中国成立后，民间贸易被取消，潮汕本土的居民，也能通过海外的华侨获得少有的商业信息。他们商业文化的理念从没有因为外部环境的改变而改变。

总之，从潮汕文化的发展历程中我们可以清晰地了解到潮汕流传久远的商业传统。这种悠久而不间断的商业传统培养了潮汕人精明的商业头脑，对利润的敏锐，对创业的执著。商业传统给潮汕商人，特别是海内外的潮汕商人带来了巨大的成功与荣誉。这种商业传统给汕头早期的发展，特别是给改革开放之后成为经济特区的汕头以强大的文化动力。历史经验表明：每当国家结束封闭状态，潮汕人总能最快地适应市场经济的节奏，取得很大的发展成绩，这种功劳都归根于潮汕人悠久的商业文化。

二、商业传统的影响

（一）商业传统带来敏锐的商业意识

通过潮汕人漫长的商业历史，我们可以洞察潮汕人为什么会有那么发达的商业头脑，有那么敏锐的商业意识。为什么没受过多少文化教育的潮汕人，能取得那么大的商业成就。他们对于利润的追逐，对于市场的敏感其实都来源于这个族群的深层的商业文化精神。

1．潮汕人总出现在经济热点地区

明清时期，潮汕人聚集于苏州，成为苏州的大商帮，潮州会馆是当地最豪华、最有影响力的会馆。

1842 年，南京条约签订，五口通商，香港成为英国的殖民地，对于泱泱大国来说，这是屈辱殖民地历史的开端，但对于潮汕商人来说，却意味着更多的商业机会，于是他们最早出发，奔向这些最有商业价值的地方。其时，香港岛一片荒凉，人口寥寥，潮汕人却敏锐地嗅到了它的商业价值，经过他们的努力，南北行公所成为香港最早、最有影响力的华人商业组织。

20 世纪 50 年代，随着复兴转口贸易的衰落，潮商企业一度沉寂，上海商人从内地撤出的工业资本和生产技术主导了香港经济的发展。50 年代末，潮商才开始陆续进入工业领域，但是到了 60 年代末，工业生产又获得了巨大的成功，比如在新兴的塑料行业，他们的产值已经占了全香港产值的 55% 。[①]

五口通商到新中国成立前，上海成为全国的经济中心，也成为潮汕人集中的地方，他们成为上海举足轻重的商业力量。

汕头是中国最早进行改革开放的经济特区，特区初期的优惠政策带来了大量的商业机会，这些商业机会吸引了无数潮汕人涌入汕头。当时，充满商机的还有深圳、珠海等地，潮汕人也是最早进入这两个特区的群体。现在，深圳作为中国改革开放的窗口，作为中国市场经济发展得最成功的城市，已经有 300 万潮汕人身在其中，其中 100 万

---

① 陈荆淮．从香港潮商沿革看潮汕人的经商特性．潮汕文化论丛（初集）．北京：高等教育出版社，1992

是潮汕商人。现在，深圳各类肉菜市场95%的小贩是潮汕人，主要的批发专业市场，如通信市场、电脑市场等，也大都是潮汕人在经营把持，他们拥有巨额的私人财富。

他们总是出现在商业机会最好的地方，如过去的上海、香港，今天的深圳、广州、北京、上海；他们总出现在利润最丰厚的领域，如近代的钱庄、抽纱、贸易商行，当代的房地产、信息产业等。

从2009年的胡润富豪排行榜中，我们可以看出，潮汕人总是出现在经济发展最快的城市。

表2－1　潮商企业分布城市

企业	合生创展	腾讯	鹏润投资	仁恒集团	联泰集团	侨鑫集团
驻地	广州	深圳	北京	上海	汕头	广州

表2－1中显示潮商企业经营业务遍布各个经济增长最快、最适合赚钱的大城市。

2. 潮汕人总出现在最赚钱的行业

表2－2　2009年度胡润富豪排行榜上的潮商

潮商	朱孟依	马化腾	黄光裕	钟声坚	黄茂如	黄振达	周泽荣	黄世再
企业	合生创展	腾讯	鹏润投资	仁恒集团	茂业集团	联泰集团	侨鑫集团	大中华国际
行业	房地产	软件	家电/房地产	房地产/造纸	房地产/零售	房地产	房地产	房地产
排名	5	16	17	42	46	74	61	89
2009年财富	300亿	245亿	230亿	155亿	145亿	90亿	85亿	76亿
2008年财富	200亿	125亿	430亿	1 256亿	100亿	82亿	61亿	70亿

从表2－2中，我们可以清晰地看到潮汕人对利润的敏感，他们追逐着利润最丰厚的行业。中国房地产行业，多次成为胡润排行榜上的座上宾。2009年，胡润榜上前10位，就有6位涉及房地产，是财富最集中的产业，也是潮商巨富最集中的产业。

表 2-3　2008、2009 年度胡润富豪排行榜潮商（百强后）企业

企业	奥飞动漫	香江集团	立白集团	康美药业	创鸿集团	宜华木业
行业	动漫	房地产/家具零售	洗涤用品	制药	房地产	木业/房地产
2008 年排名	885	152	312	539	339	372
2009 年排名	153	211	250	250	250	289

从新的百强后排行榜中，我们也可以看出，潮商们对于诸如制药、动漫等新兴利润行业的追逐已经起步，这似乎意味着新的利润增长点的出现。

（二）潮汕本土民营企业的发展

在广东，潮汕是经济欠发达地区，其经济发展一直备受指责。但是，潮汕经济的落后从投资类型上看，是国有经济和外资经济不发达，建立在潮汕人敏锐的商业意识之上的民营经济还是比较发达的，潮汕经济发展从来都是特立独行的。

根据广东省社科院丁力教授的研究，广东地方经济的发达程度与香港经济的关联程度成正比。因此，与香港经济关联程度最高的珠江三角洲地区自然就成为经济最发达的地方，与香港距离最远的粤东，发展外源型经济的条件相对较差。由于远离香港这个服务中心，物流、金融成本居高不下，汕头一个标准集装箱运至香港的运输成本就要比东莞高出 800 元以上，对于利润菲薄的外资加工企业来说，潮汕地区当然不是理想的投资地。在缺乏外资和国有大型垄断企业投资的情况下，潮汕地区与浙江温州一样，只能依靠民间资本，因此，培养出了最早一批民营企业。广东经济发展的资本来源主要是外资和国有资本，而潮汕经济是依靠资本原始积累逐渐发展起来的。按马克思的说法，资本的原始积累“从头到脚，每个毛孔都滴满血和肮脏的东西”，于是，一直以来潮汕地区就被制假造假、走私贩私等问题所困扰，并被各种媒体不断曝光，负面新闻不断，地域形象妖魔化。但是，随着粤东民营企业走过资本原始积累阶段后，粤东的民营经济开始释放出越来越强的魅力。现在已经形成几个全国闻名的产业集群，如澄海的玩具、工艺毛衫，金平的轻工机械、印刷包装，潮阳潮南的内衣、文具、音像、化工，潮州的陶瓷、食品、婚纱，揭阳的五金制品、服装、玉器加工等，这些产业集群几乎都可以被冠以“中国”两字。澄海是中国玩具礼品城、中国工艺毛衫名城，潮阳的谷饶是中国针织内衣名镇，揭阳有“中国玉都”之称，潮州是“中国瓷都”。至2010年，仅汕头一市，上市公司就达到16家，在广东全省中仅次于广州和深圳，在全省地级市中名列第一。民营经济的优势正在逐步显现，特别是在金融危机的时候，民营经济的优势充分体现出来。我们可以这样判断，一个地方的投资环境，必须由地方政府创造，强势政府是打造这种竞争力的关键。但是，潮汕自古以来就一直是个强势社会、弱势政府的地方。因此，潮汕地区缺乏竞争力似乎也在情理之中。但幸运的是，揭阳已经塑造出了一个强势政府的形象，这也是揭阳近几年能获得大型国有资本和外商投资的原因。但是，强势政府常常是以牺牲民众利益为代价的，这种发展模式虽然适应了现行的行政体制，但究竟是否符合普遍的发展规律，仍有待于历史去证明。一个地方草根经济的发展，应该取决于民间的发展能力。潮汕民营经济的崛起得益于潮汕人强烈的发展愿望，得益于海外潮汕人的推动，得益于潮汕人的商业天赋。

（三）商业传统之缺失

在重商文化熏陶下，潮汕人培养出强烈的进取精神，培养出对利润的敏锐嗅觉，这使得潮汕人成为一个全球财富聚集极多的族群，成就了一大批在全球声名显赫的富豪。在潮汕本土也已形成了数量庞大的民营企业，这是潮汕人商业精神之优良品质的体现。但是这一精神也有其负面作用。

1. 商业文化早熟之弊

商业文化早熟带来了诸多弊端，最大的弊端就是缺乏合作精神。

潮汕人这种古典的商业文化形成于农耕文明时期，由于形成于古代，经济形态植根于本土的小农经济，人文形态上以宗族为依托，因此，在现代文明的映衬下，其自身的缺陷显而易见。

早熟的商业传统植根于小农经济之中，其小局观念与家族式经营传统至今难以改变，不利于大商业时代的激烈竞争。

潮汕的商业传统，似乎给人以特别开放的感觉——四海为商，有潮水的地方就有潮汕商人。但是，潮汕的商业传统虽然在海外得以发

扬光大，却并没有改变其原有的局限性，这主要有两个原因：一是潮商活动的主要区域在东南亚。在海外，潮人潮商最活跃最成功的区域是东南亚，而东南亚相比于潮汕本土，其文化形态要落后得多，所以，潮汕商人在东南亚一直呈现出一种强势的文化姿态。也正因为如此，潮汕这种古典的商业文化较少受到海外文化的影响，在海外一直保持着稳定的状态。按照常规，潮汕本土的商业文化特征本来应该在不断现代化的进程中与时俱进，在改革开放的不断推进中逐渐成熟。但是，长期以来由于华侨文化的存在与回流，这种植根于小农经济的商业文化特征不但没有受到海外商业文化的洗礼，反而因为华侨文化的不断补充回流强化了潮汕本土这种商业特征。如果将潮汕华侨陈慈黉故居与开平碉楼的建筑风格进行对比，我们就能看出其中的差别。开平碉楼是广府文化融合吸收了西方建筑风格之后形成的一种全新的建筑风格，其超越本土的文化成就显而易见；而陈慈黉故居虽然也吸纳了一些先进的西方建筑理念，但总体上保持了潮汕传统建筑的基本风格，其成就不可与开平碉楼相提并论。原因首先就在于潮人华侨的主居地是相对于潮汕本土更落后的东南亚。而广府的华侨由于被“卖猪仔”到欧美发达国家，他们学到的是发达的西方文化理念。其次潮汕本土由于历史的原因，新中国成立后，大工业传统的长期缺失，城市化进程比较缓慢，工业文明与城市文明的冲击力很弱。弱势的农业、渔业小生产方式始终难以改变这种商业文化的古典特色。潮汕商业文明中强调自足、强调个人积累的古典商业文化特性，在每个经商者乃至整个族群身上都烙下了深深的印记。当面临植根于工业化大生产，植根于城市文明之上的新商业文化的竞争时，其缺点显而易见。

近年来，浙商抱团崛起，在海内外联合出击，屡获佳绩。这时，习惯于孤军作战的潮商就显得势单力薄了。实际上，温州文化与潮汕文化有诸多共同点，都有非理性、人情化、逐利性等特点。温州经济发展初期与汕头经济发展就呈现出诸多相似之处，如以民营经济为主体的特征。但是，由于温州商人懂得联合、善于联合（中国第一家股份合作制企业就产生于温州），因此，他们常常能以团队的方式获得更大的项目，得以共同发展。同时，温州本土也为这种商业联合提供了适宜的文化土壤，使本土民营经济得以蓬勃发展。改革开放之后，潮汕本土的小工商业一直呈烽烟四起之状，潮人创业的激情四溢。走进潮汕的很多村镇，特别是产业聚集程度较高的各专业镇，几乎是家家有企业，户户有机械。潮汕大地涌现出如澄海（玩具制造和工艺毛衫）、潮阳潮南（内衣、音像制品、文具）、潮州（陶瓷、婚纱、不锈钢制品）、揭阳（玉器加工）等全国著名的专业镇。但是，由于缺少联合，大工业、大商业则寥寥无几。

> 由于实利主义过于厚重，潮商具有重视个人资本积累，轻视社会资本集中的人格特征，这种小家子气的商业文化意识极易在家族企业发展的后期选择“分家”路线，在经济生活中形成一盘散沙和各自为政的局面，事实上对商域“超级航母”的做大做强形成了一定阻碍。
>
> 历史上的潮商特点是“敏于行而拙于思”，新一代潮商中又大多出自“草根”阶层。而在人类已进入一个需要知识、需要智慧、需要思想的才智时代后，潮商只有打赢文化素质这一仗，才能成就辉煌的未来。[①]

关于王文科先生的此段论述，笔者是深有同感的。2009 年 6 月，中共中央政治局委员、广东省省委书记汪洋在澄海考察工作时就指出，澄海有几千家玩具制造企业，但产值不足 200 亿，因此要鼓励兼并，做成规模超百亿的拳头企业。但我们深谙，在潮汕人的文化传统观念中，每个人都愿意成为老板，“宁做鸡头，不做凤尾”是潮汕人的基本价值取向，要促进兼并，做成大的拳头企业近乎不可能。但是，在全球化的大背景下，大资本运作可以获得巨大的竞争优势，全球的跨国公司都在进行大规模并购，这已经成为国际资本运作的基本趋势。这时候，潮汕商业传统的局限性就充分暴露了出来。

同时，由于中小企业的税收贡献率较低，在缺乏大型企业支撑的情况下，潮汕各地方政府的财政都比较困难，公务员工资不仅比不上珠江三角洲地区，甚至还比不上粤西和粤北山区。粤东地区的中小学教师工资收入在全省各市位列最末端，这严重挫伤了他们的工作积极性。而且，这种文化并不仅仅停留在商业领域，由于积淀深广，已经深入到整个潮汕人族群的血脉中，影响着政治等各个领域，对政府的影响尤为突出。

---

① 王文科．潮商的文化特质与取向选择．韩山师范学院学报，2007，28（5）

长期以来，潮汕各地的政府追求短、平、快，体现出极具特色的“百钱（赊）不如五十现”的小商人短视心理，因此缺乏大手笔、大思路的战略思维。这些，从各市的城市风格与产业发展情况都能清晰地反映出来。而潮汕也缺乏区域间的协作精神，特别是潮汕一分为三之后，区域间壁垒高筑，信息相互封锁，电视转播、区域间基础设施建设难以协调，需要政府合作的项目大多难以落实。区域性投资项目更是争夺激烈，互不相让。甚至各市之间相互收取外地车辆通行费，人为地抬高区域内的交易成本，降低了区域经济的竞争力……三市之间争文化正统，不善于联合，不善于协作的缺点暴露无遗。这种情况已经引起各市领导人、华侨领袖、旅外潮商等潮人精英群体的重视，并为此做了诸多努力。最能代表当代潮汕文化精神的潮商精英群体最先发觉到这一文化困局，在已经成立的各地潮商会中，已经有不少商会通过商会组织这个载体去解决潮商不善于联合的文化弱点。如深圳潮商会，他们把商会做成了一个经济实体，把潮商资本联合起来，合作开发项目。比如深圳潮商会准备筹建珠海工业园，桂林潮商会筹建桂林工业园等，都是很好的团结方式。这种精神如果在潮汕各市政府之间也能得到重视并成为施政方向，将会对潮汕的发展起到极大的促进作用。

汕头次票路标

外地车辆通行费，人为地抬高区域内的交易成本，降低了区域经济的竞争力。（摄影：黄勇哲）

2. 商业意识泛化的影响

商业意识虽然也存在早熟的问题，但如果停留在商业领域，是一种职业素养。但是，在深厚的商业意识的熏陶下，商业意识泛化到各行各业，当公共领域、公益行业变得商业化之后，社会问题就变得非常突出了。

在潮汕，发展的软环境一直饱受斥责。其中，既包括政府，也包括医院、学校等部门。在长期的重商文化的熏陶之下，商业意识很容易渗透泛化入族群的集体无意识之中。因此，从事各行业的人都不自觉地带有浓厚的商业意识。如果公务员缺乏公共意识，把公共权力当作一种商业行为去经营；如果医生、教师也用这种意识去从事他们的职业，地方政务状况、社会风气就可想而知了。更可悲的是，民众在获得公共服务时，也认可了获得利益是需要付出代价的潜规则，于是，公务员与民众之间取得了一种商业上的默契，即付钱办事、办事收钱的潜规则。在潮汕的一些地方，这种类似于现场交易的办事形式甚至在基层政府部门中都公开或半公开地进行着。正因为如此，政府机关作风经过多次整顿仍然收效不大，这与潮汕民众的文化意识有着密切的关系。当民间认同给钱办事，而未认识到公共权力具有公共属性时，将加大机关作风整顿的难度。甚至，有些公务员因贪污腐败而东窗事发时，民众也缺少举报的意愿。在此种社会风气影响之下，对腐败官员的惩治难度增大，公职人员腐败风险大大降低。而当企业也缺少公共精神，承认了这种给钱办事的潜规则之后，企业千方百计地偷税、漏税也就在情理之中了。因此，潮汕的地方政府，其税收占 GDP 的比重都很低，揭阳甚至低至 3.5%。潮汕民间还有一句俗话，叫做“斗官穷，斗鬼死”。因为从商业意义来说，对官员的举报与斗争是很不划算的事，吴思在《血酬定律》中已经清楚地算出了这笔账。而当民众都对公务员的非法违规行为采取容忍态度时，适合腐败的环境就产生了。因此，在这种文化氛围之下，潮汕地区普遍存在政风不正的问题。

第二节　重义崇信的潮汕人

一、重义的潮汕人

（一）潮汕人的“义”

“生，亦我所欲也，义，亦我所欲也，二者不可得兼，舍生而取

义者也。”在孟子眼中，义是比生命更为重要的东西。在潮商眼中，义也是他们赖以生存的人格力量。但是，潮汕人的义与传统文化中的公义并不太一致，传统文化中的义是指社会公义、道义，为了国家和人民的利益、社会的正义而献身的义。潮汕人的义更多地表现为以自我道德为核心的义，表现在乡土圈层结构中，即对宗族、对家庭、对朋友、对同学等建立在血缘、业缘、学缘等基础上的义。具体而言就是强调对于家族、家庭、朋友、同学所承担的责任。强调做人要有感恩之心、助人之心、信用之心。在潮汕人的社会意识中，要从社会中谋利，必先以德义取信于人，有德者始能有所得，即使因为命运相济而能先有所获，也必从其所获中回馈社会，取得义利的平衡，保障获利行为的可持续。在现实中，有大量的德义意识与宗教信仰结合后获得了超越性，成为面对终极关怀的奉献。这也是获利的潮商们愿意大量捐献的文化因由之一。

（二）潮汕人的感恩之心

2008 年，北京大学百年讲堂（第四届中国民营企业投资和发展论坛）上，正大集团副总裁李闻海代表潮商作了演讲，他说潮商精神最大的特点就是有感恩之心。他列举了潮汕状元林大钦对母亲、对师长的感恩，以及潮汕人对帮助过他们的人的感恩。[①] 其实，他总结的潮商精神，就是潮汕人的义。虽然，历来都有商人唯利是图的说法，但是，在潮汕人身上，利固然非常重要，义也不可偏废。睿智的潮汕人深深地懂得，要获得利，归根结底，必须建立在义的基础上，所谓“欲先取之，必先与之”。关公之所以成为中国的财神，正是基于获利必须建立在忠义的基础上的传统商业逻辑，潮汕人深刻地懂得这一点。对于这个长期缺乏安全感的族群来说，只有懂得感恩，感谢帮助过他们的人，才有可能得到更多人的帮助。因此，滴水之恩当涌泉相报的理念，在潮汕人身上表现得尤其突出，这也是为什么在外的潮汕人总是人脉资源极其丰富的原因。

① 李闻海．北大百年讲堂谈潮商精神——感恩．http：//blog. sina. com. cn

（三）潮汕人对义的信仰

1. 关帝崇拜

“潮汕地区从城市、农村到山区，关帝庙随处可见，数量甚多。前往关帝庙求平安赐福的海内外潮人，人数之多，与崇拜妈祖不相上下。”[①] 潮汕人很少崇拜外来的中原神祇，双忠公信仰进入潮汕还是大儒林大春竭力造假的结果。关帝崇拜虽有清王朝的大力推举，但与以往不同的是，潮汕人在贯彻这一政策时却异乎寻常的主动积极。其实，表面上潮汕人拜关羽的重义轻利忠孝之义，但落实到各个具体的商号店铺中，所供奉的关爷则实实在在是当财神崇拜的。

2. 造福潮汕的历史人物

潮汕人的寺庙中供奉着的各种神明，有很大一部分是那些有恩于他们的历史人物。最著名的是韩愈、大峰祖师以及清代的周有德和王来任。

（1）韩愈。

在隋唐时，被派到潮州的基本都是些犯了严重政治错误的官员，这些人到潮州后不是死于疾病，就是在唉声叹气中度过人生最艰难的时光，等待着朝廷赦免的圣旨。韩愈到潮州任职八个月，虽然也不免哀叹，但他实实在在地为潮汕人民做了一些好事，办教育，放奴婢，兴农业，驱鳄鱼等。如笔者前文所述，可供考证的贡献虽然不多，但是由于韩愈给潮州人民做了事情，潮汕人民把山水都改为韩姓，员水改为韩江，笔架山改名韩山，给他建了韩文公祠，受潮汕人世世代代祭拜直至今天，感谢他为潮汕地区带来了文明的种子。

（2）大峰祖师。

大峰祖师是从浙江来的和尚，从福建来到潮阳和平。据陈春声教授的考证，大峰是当时庵驿上的和尚，作为主管国道的工作人员，在他的职权内为驿道修建桥梁是他的本职工作。其实，从潮汕沿国道一直到福建，沿途很多古桥梁都是和尚们修建的。但是，大峰和尚为潮阳人民在练江上修桥的善行却被潮汕人永远记录在心中。潮汕人民建

① 谢惠如. 试论潮汕人之崇拜关羽. 广东史志，1995（Z1）

庙纪念祭拜他，并以他作为施行慈善的旗帜，以善堂的形式一代一代流传下来。现在，遍布海内外的善堂组织都以大峰祖师作为旗帜，施行慈善之举，其善举的影响持续至今。

（3）周有德和王来任。

清初，清政府为切断郑成功军队的军事供应，对广东、福建沿海进行迁海界。广东、福建沿岸五十里的居民被迫离开家园，人民流离失所，惨状难述。若干年后，台湾回归，广东巡抚王来任向清政府递交了《展乡复界疏》，建议清政府“将原迁之界悉驰其禁，招徕迁民，复业耕种与煎晒盐斥”。（《新宁县志》卷十四）后来，到广东来落实迁海政策的两广总督周有德也为此作出了贡献。潮汕人民为感念他们的功德，建祠祭拜他们。至今，潮汕沿海各地仍有不少督抚祠。即使没有建专门的庙宇，在诸神合一的庙中，我们也可以看到两位有恩于潮汕人的清代官员的神像。按理说，这两位官员对整个福建、广东沿海的居民都作出了贡献，但是，仍以潮汕地区的祠庙最多，潮汕人滴水之恩当涌泉相报的人文特征得以充分展现。

督抚祠

澄海龙田村的督抚祠是龙田村人为了祭拜清朝两广总督周有德及广东巡抚王来任而建造的。康熙元年，清政府为打击郑成功，实施了“迁海令”。“迁海令”规定沿海居民须内迁五十里，沿海居民因此流离失所，惨状难述。王来任与周有德联合上疏康熙，请求复界。康熙八年（1669 年），清政府批准复界及容许居民回乡居住。为感念其功德，潮人筑祠祭拜，潮汕各地多有他们的庙或牌位。（摄影：黄勇哲）

（四）潮汕人的朋友之义

潮汕人很讲义气，著名华人企业家李嘉诚说：

> 一般而言，凡事留个余地，另一方面对人守信用。朋友之间有义气。今日而言，也许很多人未必相信，但实际上我始终觉得，“义”字是终身用得着的；“恕”字也很重要，要宽恕别人，因为人总是人，人不是神。[1]

其实，潮汕人对待朋友一直都奉行滴水之恩当涌泉相报的原则，儒家古典文化中所倡导的为朋友两肋插刀、赴汤蹈火的原则，一直被潮汕人视为理所当然的道德准则，对每一个潮汕人都有着强大的道德约束力。在与人交往时，潮汕人更是提倡“错交无错放”。这句话的意思是即使开始交往的目的不对，但也不会因为交往不符合初衷而放弃朋友，潮汕人认为朋友越多越好。他们重情重义，是一个很讲情义的族群。

潮汕人有句俗语“客来主唔顾，便是衰家厝”。他们对孔子“有朋自远方来，不亦说乎”的思想深得要领，待客之道特别周全。而“分钱看作大铜锣”（小气意，即吝啬钱财）则是被人鄙视的。

但这种朋友之义也有其相应的弊端。由于潮汕人比较缺乏国家意识，其义往往体现为私义，而非公义。特别是在朋友的交往上，过于重视朋友之义之后，当公义与私义发生矛盾冲突的时候，被舍弃的常常是公义。也正因如此，许多官员因经济问题被揪出，从来就极少有举报者。很多有经济问题的官员因此躲过法律的制裁，这也是潮汕自古政风不正的原因之一。

（五）潮汕人的慈善义举

积极地赚钱，慷慨地捐献一直都是潮汕人的文化禀性。

> 在2008年“广东十大慈善人物”中，有四名潮籍人士获奖，他们是广东省美容美发化妆品行业协会会长马娅、宜华企业（集团）有限公司董事长刘绍喜、香港屏山企业有限公司董事长陈伟南、汕头慈善总会存心善堂福利会会长蔡木通。[2]

---

① 夏萍. 李嘉诚传. 北京：作家出版社，1993

② 潮人获“2008年广东十大慈善人物”. 天下潮商网，2009-01-19

在慈善事业方面，潮汕人总是走在社会的最前端。他们不仅拥有悠久的慈善史，更有着独特的慈善文化。

1. 悠久的民间慈善史

潮汕人的慈善之心伴随着他们悠久的商业历史，久经岁月而不曾改变。由于这是一个先有社会后有政府的地方，由于政府一直以来都很少承担应有的社会职能，以致他们的社会责任感一直都很强。他们一直承担着这个地方弱势政府所难以承担的社会功能，如办学、救贫济困、施医、公共设施建设，甚至参与公共管理等。

再比如，在教育捐赠方面：

> 早在1901年，丘逢甲（原台湾义军统领将）用从华侨募捐来的款项，在汕头创办了岭东同文学堂；1904年，澄海旅居印尼华侨李武平在家乡南徽开办有德小学堂；1905年，华侨陈雨亭等合资创办汕头华英小学；1907年，澄海旅泰华侨陈慈黉在隆都前美创办了成德学校。此后，潮汕华侨捐办的学校越来越多。有潮阳的萃英学校、中民小学、启蒙义务小学、启智女子学校，澄海的圣彰学校、南畔洲学校、秀水中山学校，汕头市的时中学校、私立海滨中学等。[①]

新中国成立前，上海潮州会馆就在汕头建立了八邑职业学校、上海潮州医院、上海贫儿教养院等公益机构。

新中国成立后，中国被资本主义国家封锁，但是，在1950—1959年，华侨还是通过各种方式对家乡进行捐助，在汕头地区捐助的华侨中学就达到30所。从改革开放到1999年20余年时间，华侨更是捐资建立、扩建了885个教学单位。

2. 以李嘉诚为首的潮商们

潮商是潮汕人的精英群体，他们身上承载着潮汕人最多的优秀品质，由于他们在商业上的努力与成功，当拥有了财富和社会地位之后，他们更能充分体现出潮汕人的慈善之心。

李嘉诚已经把他1/3的财富捐予了李嘉诚基金会，至2009年，基金会捐出款项已超过100亿元，未来10年将捐赠的款项会较过去30

---

① 王国梁. 潮汕慈善文化和海外华侨的善举. 广东史志，2003（3）

年更多。李嘉诚在家乡捐办了汕头大学，两所汕头大学医学院附属医院及汕头国际眼科中心，以及希望小学和扶贫项目若干。汕头大学至今已经投入 33 亿，他还承诺，将再捐助 20 亿给汕头大学；仅在家乡潮州一市他就捐建了 70 所希望小学。此外，他在全国为那些因白内障而失明的人重找光明，给那些癌症晚期患者以临终关怀，在全国建希望小学，帮扶贫困人群脱贫……他的慈善之举已经超越了潮汕、中国而至全世界，他自己也常说，他是世界的。

汕头大学

汕头大学是 1981 年经国务院批准成立的、广东省属“211 工程”重点建设的综合性大学，李嘉诚先生为学校捐巨资累计已逾 33 亿港币（包括对长江商学院的直接捐款），并预算在未来 8 年再捐资 20 亿港币。（摄影：王国大）

香港丽新集团的林百欣夫妇在内地捐助的款项也已经超过 10 亿。此外，还有无数的华侨在为家乡、为祖国出钱出力。不只是大富豪如此，其他在外的华侨、外出商人对家乡、对社会慈善事业无不倾注了心血。改革开放以来，潮汕到处都有华侨捐赠学校、医院。现在，各县区基本都有华侨中学、华侨医院。今天，海内的潮商已经发挥着越来越重要的作用。

2008 年，汶川“5·12”大地震。全国人民都行动起来捐助灾区，潮汕人也为此作出了很大的贡献，汕头官方统计的捐款数在全省位列第五，但更多的潮汕人以私人的名义直接将慈善之心及钱物送到了汶川。同时，全国的潮商也伸出了慈善之手。

表 2－4　汶川地震部分潮人、潮商捐赠情况（100 万以上）

企业名称	董事长	合计金额（人民币）	捐款渠道
李嘉诚基金会、长江实业	李嘉诚	1.35 亿	
多加宝集团（王老吉）	施少斌	1 亿	
国美电器	黄光裕	5 900 万（个人 5 000 万）	中国红十字会
泰国正大集团	谢国民	3 000 万	
腾讯公司	马化腾	2 000 万	中国红十字会、“爱的奉献”——2008 抗震救灾大型募捐活动
深圳观澜湖高尔夫球会	朱树豪	2 100 万（个人 600 万）	中华慈善总会、深圳慈善会
电讯盈科	李泽楷	2 000 万	
华人置业集团	李銮雄	1 500 万港币	
合生创展集团	朱孟依	1 500 万（个人 500 万）	广州市慈善会
茂业集团	黄茂如	1 100 万	成都市红十字会
英皇集团	杨受成 成　龙	1 000 万	全国工商联光彩事业部
珠江地产公司	朱庆依	1 200 万（个人 100 万）	成都地区公司向当地政府捐赠、广州市红十字会
泰国汇川米业有限公司	胡玉麟	4 000 万泰铢	
仁恒置地集团	钟声坚	630 万	成都市红十字会
大中华国际投资集团	黄世再	610 万	
深圳星河地产	黄楚龙	600 万	
国瑞地产	张章笋	533 万（救灾） 200 万（灾后重建）	北京精瑞住宅科技基金会
TCL 集团	李东生	700 万	广东省慈善总会
广东侨鑫集团	周泽荣	500 万	广东省侨心慈善基金会
汕特比利服装		500 万（物资）	
汕头市帝远海运有限公司	李延福	405 万	汕头市慈善总会
鹰美国际	钟育生	380 万	汕头市龙湖区慈善会

（续上表）

企业名称	董事长	合计金额（人民币）	捐款渠道
正大制药集团	谢　炳	350万（现金、药品）	
深圳市农产品市场股份有限公司	陈少群	312万	
广东东宝集团有限公司	刘容书	306万	
经纬集团	陈经纬	300万	香港中联办
广东雅士利集团股份有限公司	张利钿	300万（现金、物资）	
巨邦（汕头）制衣有限公司		300万	汕头市龙湖区慈善会
深圳鸿荣源集团	赖海民	300万	深圳宝安慈善会
宜华集团	刘绍喜	275万	
汕头东方印刷厂有限公司		250万	
深圳海岸投资	李茂水	230万	
深圳庆鹏实业集团	郑桂泉	220万	
汕头市金发妇幼用品有限公司	林浩亮	210万	
汕头花园集团有限公司	张章笋	200万	
深圳市金泓投资（集团）有限公司	林乐文	200万	
金狮集团	钟延森	200万	
卜高通美有限公司	黄楚祺	200万港币	
广东康美药业股份有限公司	马兴田	200万	
广州宏云房地产开发有限公司	游德武	200万	
深圳市金光华实业（集团）有限公司	李亚鹤	193万	深圳市红十字会
广东龙鹏能源投资有限公司	黄金华	180万	
贵州圣济堂制药	丁林洪	170万（现金、药品）	
深圳新浩集团	罗益洪	170万	
广东省联泰集团有限公司	黄振达	152.8万	
汕头市金味食品工业有限公司		150万	
北京中关村科技发展（控股）股份有限公司	许锺民	140万（现金、药品）	
金龙集团	龚俊龙	120万	
龙光集团	纪海鹏	113万	
澳门创世企业集团有限公司	刘艺良	110万澳门币	澳门中联办
广东同德药业有限公司		104万（药品）	
雅倩集团	苏武雄	100万	

（续上表）

企业名称	董事长	合计金额（人民币）	捐款渠道
泰国万盛冷冻食品（大众）有限公司	陈汉士	400万泰铢	广东省侨办
深圳中洲集团	黄光苗	100万	香港中联办
广东阳柳（集团）实业有限公司	陈才雄	100万	汕头市潮阳区委区政府
陈氏兄弟国际集团	陈克威 陈克光	100万	

表2－4是笔者根据报纸杂志及有关网络资料整理的，虽然不全面，但是足以表现出潮人的慈善情怀，对于那些惯于低调处事，做好事从不张扬宣传的潮商来说，要搜集完整的资料实在太难了。

3. 潮汕的善堂

（1）善堂的人文精神。

善堂是潮汕人慈善精神的集中体现，是近代商人和华侨深度间入潮汕公共事务的表现。

潮汕的善堂是潮汕人慈善文化的集中体现和特有文化现象，是一种深厚的文化力量。长期以来，由于地方政府力量的薄弱与职能缺失，公共职能一直依靠宗族士绅阶层的民间力量。近代以来，城市的兴起迫切需要承担公共职能的新兴政府力量，但在潮汕，政府仍然缺席。于是，在华侨和商人的共同努力下，以大峰祖师为旗帜，扩大了善堂的影响力，承担起了潮汕地方本应由政府承担的大量的社会事务，它们在灾后收埋尸体、扶贫济困、施医送药、救灾、消防等方面都发挥了很大的作用。

国际知名学者、国学泰斗饶宗颐先生指出：

> 善堂文化是潮汕文化的一个组成部分。我们提倡“潮州学”，如果摒弃善堂文化的研究，就有遗珠之憾。整理善堂的一系列史料，是对潮州学的一个重要补充，是很有意义的工作。[①]

潮汕的善堂以大峰祖师为共同信仰，以潮汕商人、华侨雄厚的财

① 林俊聪. 饶宗颐纵谈善堂文化. 汕头日报，1995－04－18

力为经济支撑，从13世纪开始，在救死扶伤、赈灾恤难、赠医赠药、布衣施食、敬老安老、兴学助学、办医院、造桥梁、修道路等福利事业方面做了大量的慈善工作。

（2）善堂的由来。

善堂是大峰精神的延续，是潮汕人高举大峰精神旗帜施行慈善的平台。

按民间说法，宋大峰诞生于北宋宝元年间，温州人，进士出身，后弃官出家。大峰祖师于宣和二年从福建云游至潮阳和平，时逢旱灾，瘟疫流行，很多人曝尸荒野。他见此情景，便在灵泉寺一带住下来，为村民施医、收尸，老百姓很喜欢这个远来的和尚。当时练江水量充沛，水流湍急，且横穿和平之中，将其隔为两段，百姓来往非常不便，常有溺水而死者。大峰祖师想建桥造福人民，于是他四处募捐，用所募得的款项到福建购买材料，运回和平建桥。1147年，建成了16个桥孔，铺成宽9尺、长30丈的桥面。尚剩下首尾两孔未筑，大峰圆寂，享年89岁。1153年，大峰圆寂6年后，乡贤蔡淳捐资续建石桥完成。后来，蔡淳及其孙蔡震，将和平的腾让书斋改建为报德堂，供奉大峰，尊大峰为祖师，并将大峰生前施医收尸等善举作为报德堂的主要宗旨，这一传统一直流传到今天。[①]

潮阳大峰风景区（摄影：黄吟容）

① 陈创义. 大峰精神与潮人善堂效应. 潮阳文史，2001（18）

> 潮汕的善堂，到清末民初以后发展至五百多处，其中仅善堂便超过二百间，比较著名的善堂如潮阳的报德古堂、棉安善堂、同济善堂、存德善堂、念敬善堂、仁德善堂、仁济善堂、善德善堂、同安善堂、诚德善堂；汕头的存心善堂、诚心善堂、延寿善堂、慈爱善堂；潮安的广济善堂、凤德善堂、太和善堂、同奉善堂、遂心善堂、修德善堂、绵德善堂；揭阳的觉世善堂、恩德善堂、同安善堂；澄海的存德善堂、同益善堂；饶平的崇心善堂、存德善堂；普惠的永德善堂、普安善堂、普益善堂、惠德善堂；南澳的慈济善堂、平善善堂；陆丰的道德善堂、大同善堂、仁庆善堂，等等。[①]

存心善堂和延寿善堂（1905 年设立）、诚敬善堂（1919 年设立）、慈爱善堂（1932 年设立）、诚心善堂（1934 年设立），时称汕头的“五大善堂”。

（3）善堂的作用。

清末至新中国成立前，是潮汕政府力量最薄弱的时候，善堂的存在，是华侨商人介入当地社会的表现。华侨和商人通过他们的善举，在政府力量极其薄弱的潮汕地区开展收尸、施医、救困、救灾、办学、消防等工作，在潮汕社会治理中起着极大的作用。

在潮汕地区灾难降临的时候，正是善堂的存在使很多民众得以生存，使最简单的社会事务得以开展。

在最为困难的抗战时期，潮汕地区的善堂承担了施粥等社会救济工作，很多贫苦的人得以延续生命，很多接受救济远走海外的华侨现在成为善堂最忠实的捐助者。

存心善堂的蔡木通会长在介绍善堂的活动时说，当年共产党员被国民党杀害，是善堂替他们收的尸；后来，日本人杀害了很多国民党人，也是他们收的尸；再后来，日本投降后，很多日本人被打死，他们也收尸……善堂这种社会中介组织的社会功能被充分展示出来。

1922 年，“八二台风”肆虐潮汕，南澳、饶平、澄海、潮阳、汕头等县市惨遭其害。有八万人被淹没，三万多人死亡，还有无数房屋被摧毁，农作物及物资等损失达六七千万元。灾难之下的潮汕人民，本应由政府进行救助，但政府力量微弱。以澄海县为例，当时澄海县

---

① 陈创义．大峰精神与潮人善堂效应．潮阳文史，2001（18）

公署设六个科，职员才20多人。一直处于征税困难、经费不足的状态之中。县长向海外各八邑商会报告之后，救灾公所即收到188 000元，县所能承担的只占全部善款的5%。其时各地善堂便致力合作拯救，当时，存心善堂一天收尸1 200具，事后还共同募款办理善后，事情被安排得井井有条。[①]

除了重大灾难之外，义务消防队也是潮汕善堂的另一种义举。民国年间，潮汕虽然有官办的消防队，但由于潮汕各地政府力量较弱，财力有限，经费长期依靠商会、红十字会等社会团体的捐助。揭阳、汕头的消防队一开始是官方的，不久即因经费缺乏而改为义务消防队。

存心善堂、存心学校、存心医院

存心善堂是潮汕地区最具影响力的慈善机构，现设立有存心慈善会，致力于扶困济贫、赈灾救灾等；还设有免费的存心学校，开展针对智障儿童的特殊教育；免费的存心诊所则为贫困人群提供就诊等服务，存心医院也在建设当中。

潮汕地区善堂形式的慈善组织数量众多，这些善堂会聚了众多潮汕人的慈善情怀，救助孤贫无数，在海内外都发挥着巨大的作用。（摄影：郑嘉妮）

汕头市区有三支义务消防队，专职队员100多名，义务队员500多名。即存心善堂救火队、诚敬善社灭火局、合敬善社扑火队。揭阳

① 陈春声．“八二风灾”的所见之民国初年潮汕侨乡——以樟林为例．潮学研究（6）．汕头：汕头大学出版社，1997；陈宏之．浅谈近代潮汕善堂的社会特征．网络财富，2010（17）

有六支队伍，潮阳的六支队伍分别为：棉安、存德、仁济、仁德、寿德、存仁。达濠的崇德、善德、天堂、普德也各设一支救火队。这些消防队虽多由警察机关管辖，但经费仍然由善堂自理。现在，在澄海区，乡村也开始有义务消防队出现。

此外，善堂组织还承办了学校、医院等机构。1942 年，存心善堂建的存心学校可供 300 名学生免费读书，1949 年，有 700 名学生在其中免费读书。它们承办养老院，收留孤儿和孤寡老人。

> 20 世纪八九十年代，随着改革开放的推进，国家在慈善事业政策上的相对放宽，以及民营经济的兴起，随着存心善堂、报德善堂等汕头历史悠久的善堂善会复兴，潮汕地区大批民间慈善组织得以复建。①

今天，在潮汕正式登记的善堂，汕头有 55 家，潮州有 40 家，揭阳有 55 家。

这些慈善组织，大的如存心善堂，每年得到数以千万计的善款、善物，全潮汕的善堂每年涌动的慈善资金数目十分惊人，其志愿者人数多则几千，少则数十，不一而足。

潮汕的不少善堂至今还在承担着照顾孤寡老人等弱势群体的责任。现在的存心善堂，还拥有免费的存心医院、存心小学（专为残疾儿童开办），提供免费午餐等社会救济服务，各善堂总在人们最困难的时候伸出援手。汶川地震，汕头存心善堂共募集 180 多万元赈灾款和一批价值 322 万元的赈灾物资运往四川、甘肃灾区。

此外，潮汕还有 1 000 多家不符合社团登记条件的慈善组织，这些“山寨”慈善组织差不多平均每一个村都有一家。龙湖外砂李厝村集义福利会就是其中一个没有正式登记的“山寨”慈善组织。组织者王佩君老人是 2007 年广东省民政厅颁发的“南粤慈善奖”的获得者。这个福利会由村里一群几乎没有多少文化知识的老妇人组织而成。20 年来，老妇人们主要依靠省吃俭用的零用钱、压岁钱和手工钱，总共募集了 200 多万元人民币、3 万多斤大米、2 万多件衣物，救助了 1 200多名贫困者，体现了一个普通潮汕人的慈善情怀。

夏天，潮汕的大街小巷，到处可看见免费的凉茶桶，那都是善堂

---

① 周志坤，方一庆，梁伟培，王辉. 潮汕民间福利会鼎盛，仟多善堂“体制外”运行. 南方日报，2009－12－22

或行善者提供给过往行人消暑解渴的。在潮汕，从来就没有因生计而走投无路的人，在最困难的时候，不管是慈善团体还是普通人都会伸出援手。

正是在这些正式或非正式的善堂的努力下，整个潮汕社会充满浓浓的宗教情怀，最富有的商人与最贫苦的人不至于充满仇恨，潮汕道德社会得以延续。

（4）善堂的海外影响。

潮汕的善堂随着潮人流传到世界各地，特别是在东南亚，潮汕善堂的影响更加广泛。泰国的慈善事业由国王、王后和公主倡导推行，但民间慈善社团几乎全部是潮人主办。泰国华侨报德善堂于清光绪十二年创建，影响越来越大。20 世纪 70 年代兴建 22 层楼的现代化华侨医院，80 年代创建华侨学院，90 年代创立现代化综合性大学——华侨崇圣大学。随着这些项目的开创，善堂的品位、功能和作用得以迅速提升，其社会地位和产生的影响也越来越大。

潮汕人的慈善之义在善堂文化的作用下，不断得到强化和发展，与宗教精神一起成为潮汕人人格精神中闪闪发光的一部分。

二、潮汕人的信用

潮汕人的义还体现在他们的信用之上。作为一个有着漫长商业历史的商帮，其商业文明发源于农耕时代的非契约社会，他们的商业运作几乎完全依托于口头承诺的信用，因此，潮商是以信用为生的。我们可以用无数的例子来说明这一点，如珍贵的文化遗产侨批、七兑票制度、南北行例等，一直到改革开放后，普宁流沙的服装批发市场，都是以信誉著称的。那时从全国到普宁流沙服装批发市场的商人只要写一张白纸条，就可以将整车的服装运往全国各地，等销售完了再回到流沙付还货款，潮汕商业传统的古风依然。对于长期活跃于商海的潮汕商人来说，没有信用是难以想象的，这就是潮汕人的特色。

国学大师饶宗颐先生曾指出：

潮州稍具信誉之商人既有金融界之信用放款，又得买卖货物之赊账，故往往有极大之经营，而赖乎信用者十之六七，赖乎资本者十仅二三。所谓潮人能以小资本经营大商业者，实基于此。至赊账之风，大概于抗战发生，地方失陷之时起，反日溯而上，逐年加盛，不特批

发可赊，即零售也多可赊，不同一地方也可赊。甚至汕头至香港、上海购办以及海外各港与汕头之托兑也得以赊账行之，故潮谚有“无赊不成商”之语。[①]

以信用为基础的商业赊账，促进了近代潮汕商贸业的发展。

但遗憾的是，在将汕头设为特区时期，潮汕本土在长期封闭中释放出来的商业激情，在“摸着石头过河”的过程中摔倒了。在特别宽松的政策之下，面对无数政策空子和巨大的财富诱惑，长期贫穷而不甘落后的本土潮汕人终于无法经受住人性的考验，在一个极其浮躁的时代氛围之下，出现了信用危机。应该说，信用问题的造成，政府有较大的责任，而后续危机的处理不当所造成的影响，政府同样负有重要责任。

一直到现在，潮汕人信用缺失的形象仍未被彻底扭转过来。最近，汕头林文生先生在网上对潮商的公众形象进行调查，公众（网民）对于潮商“乐善好施”（2.4%）和“诚实守信”（5.1%）的认同率仍然非常低。

在分籍贯人群对比中，也只有3%的潮汕人认同潮商“乐善好施”，5%的人选择“诚实守信”，而在非潮汕人眼中，此两项则基本不被认同，分别为0%和1%。公众（网民）对于潮商的负面印象主要集中在“文化较低”（19.85%）、“仿冒制假”（16.48%）和“投机取巧”（13.83%）这三个选项上，这些基本都涉及信用。[②]

应该说，这些负面形象本来不是潮汕人形象的主流，但是，在一次错误的宣传扩大之后，由于政府宣传工作的缺位，由于潮汕人自身低调不擅宣传的特点，这些不良形象至今仍未彻底地从公众的认知中改变过来。

---

① 饶宗颐．潮州志·实业志·商业．香港：龙门书店，1965

② 林文生．潮商公众形象调查报告．潮商，2010（4）

第三章　挑战权威的求实勇气

潮汕有一句家喻户晓的俗话叫“识字掠无蟛蜞”。意思是说，识字者反而抓不到蟛蜞。其意是讽刺那些墨守成规、不懂得灵活处事的人。这句话有一个典故：潮汕人一直依水而生，蟛蜞是一种生活在淡水中的小螃蟹，它们喜欢在江河塘坝堤、田间地头筑穴而居，潮汕人喜欢捕捉后腌制而食。捕捉蟛蜞常常要挖开洞穴，因此常会弄坏田埂水坝，因此官府插牌告示，“此处不准捉蟛蜞”。识字者见告示不敢再捕捉，自然抓不到蟛蜞；不识字者并不知道告示内容，因此满载而归。这句俗话体现出潮汕人轻视理论，漠视规则，一切以实利作为目标，以实用作为检验标准的实用主义哲学倾向。

在这种哲学之下，潮汕人充满了对既定规则的反叛，对权威挑战的勇气。即凡是违反实用精神的，不符合他们现实经验并因此损害其利益的东西都会受到否定与挑战。

第一节　敢于挑战权威的潮汕人

潮汕人一直秉行自己的一套哲学，我行我素，特立独行，缺少一种令行禁止的服从精神。这一点有其深刻的文化渊源。

一、边缘文化心态

（一）省尾国角

从地理特征上看，潮汕地处东南沿海边陲，背山面海，自古以来，从京城、省城进入潮汕的交通都很不方便，是典型的“省尾国角”。因此，明朝以后，外来移民渐少，内地主流文化对潮汕的影响逐渐变弱。

从行政区域看，潮汕处于“省尾国角”的位置，地域上与福建接壤，语言文化与闽南相仿，但行政区域上长期隶属于广东。由于古代

广州与粤东的交通极不方便，一直以来，广州对粤西的管理都强于粤东，粤东在省内也一直比较边缘化。

从文化形态看，自从唐宋中原移民大量进入潮汕，与原住民文化结合形成有别于中原文化的亚文化之后，文化的发展相当缓慢，地域性特征不断强化。特别是明代华侨文化形成之后，由于华侨文化与本土文化之间不断循环流动，在外保留得更完整的华侨文化不断对本土文化进行回流补充，使得潮汕文化的古典特色保持得比较好。至今，潮汕还保留着汉语古音、古汉语语法习惯和中原古乐、传统的雕刻、剪纸等文化遗留，保持着大宗族传统和古代民俗。当地域性特征不断强化之后，潮汕文化边缘性的特征就日益显现出来。

（二）贬臣心态

按儒家明德思想的要求，地方官吏负有对地方进行文化教诲的重任，因此，地方官吏的政治态度对地方文化的发展有很大的影响。隋唐五代，潮汕是蛮荒之地，这里的政治文化形成之初，中央政府派驻岭南的官吏基本都是贬臣，派至潮州的更是朝廷认为罪大之辈，于是其文化心态一直都不太积极，缺乏正统的政治文化底蕴。

> 终唐之世，先后有张元素、唐临、常怀德、卢怡、李皋、常衮、韩愈、杨嗣复、李德裕、李宗闵等官员贬斥来潮。正如韩愈所说“潮州底处所，有罪乃窜流”。[1]

到了宋代，潮州的经济已经有了较大发展，但派任官员的政治色彩依然，一是贬臣之地，二是官员临时安置之所。据黄挺老师考证，北宋知州 60 人，南宋 96 人。从开宝四年（971 年）到景炎三年（1278 年）共 308 年，平均每位官员任期两年，再加上未考证出的二三十人，平均每人任期一年半。来去匆匆的地方官难以投入更多精力去施政，正如知州鲍粹作诗所说的“官守二年如过客”。

从官员的心态看，潮州是落魄偏安之地。由于古时潮汕开发较晚，古代潮州瘴气弥漫，很多进入潮州的北方人因为水土不服而生病甚至死亡。因此，官员到潮州为官大多被视为末路，对朝廷普遍抱有一种

---

① 韩愈．泷吏．昌黎先生集（卷六）

疏离、淡漠的态度。唐宋两代，贬至潮州的不少名臣，如赵鼎等，他们一般都以不作为为荣，像韩愈这种到潮州后积极入世的官员只是个别现象。这种疏离冷漠的态度加剧了潮州的边缘化。

明中叶后，京官贬谪潮州者依然是主流：

> 今之潮阳……裘马管弦，不减上国。然开云驱鳄潮阳之名犹在，故今犹得借此以处迁客。盖今起万历丙戌，十载内无邑无之。如孙比部如法尉潮阳，杨给谏文焕尉海阳，陈祠部泰来尉饶平，林都谏材尉程乡，高大行攀龙尉揭阳，周尚宝宏禴尉澄海，刘都谏宏宝尉惠来，沈文选昌期尉大埔，周御史元尉平远，皆同时迁客也。止普宁一邑无人耳。潮国初止领县四，海阳、潮阳、揭阳、程乡，今增设澄海、饶平、平远、大埔、惠来、普宁六邑，此他郡所无。[1]

明朝时，潮州的经济已经比较发达，文化也相当繁荣，但是，10年之内，潮州8个县，除普宁一县，其他都有被贬而入潮为官者，说明潮汕作为贬臣之地的政治处境仍没有太大的变化。

在中央与官员两种心态的共同作用之下，明代开始，在经济文化快速发展的同时，贬臣文化表现出另一种形态，那就是不作为与腐败。一方面，这些被贬到潮汕的官员执政心态比较消极，不关心人民的疾苦。另一方面，明清的海禁政策使得中央政令与地方的实际情况完全脱节。面对强悍不屈服的臣民，政策根本无法实行，官员在这里承受着巨大的执政压力。当本来就处于边缘心态的官员们面对不可能完成的任务时，他们选择了最合乎利益的选择——收受贿赂，放任自流。甚至与强盗同流合污，欺压良民，于是这里政风日渐腐化。

明代名臣戚继光在荡平南澳巨盗吴平之后，明政府曾希望他留下来兼管惠州、潮州兵务，但戚继光拒绝了。他拒绝的理由就是：地方由于政治极其腐败而导致执政资源丧失殆尽，难以治理。戚继光说，当地官员与盗贼已经串通一气，根本没有把老百姓当子民。在当地，当强盗可以为所欲为，当良民却得不到政府的任何帮助，成为随时可以被“鱼肉”的对象。当强盗的境遇胜于当良民，很多良民渐渐地变成了强盗，在一些地方，民众甚至亦民亦盗，亦盗亦民，民盗难分，

---

① 沈定平．论明中叶后潮州经济和文化的发展．潮学研究，1995（3）

文献中不断提到的夏岭村就是这种情况。另外，由于政府没有尽到保护民众的责任，面对盗贼，百姓只能武装自保。因此，足以抵挡强盗的强悍地方武装使他们拒绝纳税和服徭役，政府也难以治理。[①] 这种情形加剧了地方的边缘化。

（三）地域文化

元明之际，潮汕开始形成了具有古吴越语、古汉语特点的闽方言次方言，标志着具有完整地域文化特征的潮汕文化的形成。由于潮汕地域的封闭性，潮汕方言的变化相当缓慢。当语言沟通变得困难之后，潮汕文化与官方文化的交流就越来越难，文化自身的地域特色不断强化。到清朝时候，由于地方政府官员实在难以与中央沟通，中央甚至得在广东福建设立正音馆，进行官话教育。这种文化的差异大大降低了北方汉人对广东人的认同感。[②] 由于文化差异性的日益显著，外出谋生的潮汕商人便以会馆作为聚集的载体，以获得竞争的优势。由于潮汕商人的成功，会馆组织力量越来越强大，反过来又强化了潮汕人内聚性的倾向。内部的过分聚集促成了边缘化特点的进一步强化。

（四）悲情的族群发展史

宋代，潮汕儒学氛围浓厚，青年人以读儒家经典、兼济天下为追求。这里已经是名副其实的礼仪之邦。这里气候宜人、土地肥沃、人口不多，是北方人心中的乐土。由于地处省尾国角，与外界的沟通交流很不方便，虽然有范仲淹居江湖之远的遗憾，但这里远离战乱之地，人们似乎可以做着世外桃源的美梦。但是翻开潮州府志和各县县志，我们看到的却是无数灾难的记录。

连年不断的台风、洪水、海啸、地震、决堤考验着这些远来的移民，人们顽强地与大自然进行抗争。由于地域的偏僻，政府力量非常弱小，从海上来的海盗，从大山后面涌出的山贼屡屡得逞，而朝代更替更给人民带来巨大的灾难。由于这里是政权力量最薄弱的地方，南宋小朝廷在这里作最后的反抗，潮汕人民给予大力支持，但是随着南宋小朝廷的覆灭，随之而来的就是元军及土豪对潮州城的屠杀、劫掠；

---

① 冷东．戚继光视野下的明代潮州社会．广州大学学报，2004（3）

② 叶曙明．其实你不懂广东人．广州：广东教育出版社，2004

明政府的海禁政策极大地伤害了潮汕人的利益，但是明末，南明政权也在这个边远之地作最后的反抗，清政府为打击郑成功的补给进行迁海。迁海界使潮汕人民失去家园，流离失所；而一直被接济的郑成功也屠杀了整个鸥汀乡。了解了这些历史，我们就能明白为什么潮汕人有着强烈的灾难意识。为在乱世中谋求生存，潮汕人学会了借助宗族的组织力量进行自保，这种地方自治势力在清末民初发展到极致。但这种强大的自治能力又极易失却分寸，一旦失了分寸，过于强大的自治力量又会引致严厉打击。清政府为对付太平天国，鼓励民间组织武装，但平定太平天国之后，强大的宗族武装力量就成为政府新的威胁，如潮阳沙陇郑氏、揭西钱家寨最后都被清灭。无数的灾难使这个族群一直具有强烈的不安全感，并深入到这个族群的集体无意识中，这些都促成了潮汕人的边缘化。

（五）内聚而生排外

从内部特征看，潮汕人的重商传统、移民文化、华侨文化都促进了潮汕人内聚性的形成。外出到东南亚谋生的潮汕人移民，非团结无以求生存，非内聚难以求发展。远行海外的侨民，如果没有团结一致的力量根本没办法生存和发展，于是移民通过宗族、乡亲甚至是共同的信仰组织起来，以应付各种危机。重商传统使会馆组织成为一种有效的内部组织力量，这种组织力量成为在外商人自身发展的保障，在本地传统受到破坏之时，又成为一种外部文化的补充力量，使潮汕本地文化重归传统。内聚力量越强，对外来者而言，就是一种排斥，形成排外的文化，这种排外进一步强化了边缘化。

二、海洋文化心态

（一）文化冲突

潮汕自明代以后，“地瘦栽松柏，家贫子读书”的景象已经不再，这里成为难治之地的直接原因就是明清的海禁。为什么明政府要弃宋元传统，不顾沿海百姓的生计而竭力禁海，按学者冷东的理解：

明清潮汕地区的地理条件和社会经济特点，以及商品经济发展水平，其产生资本主义萌芽的条件是具备的，从事商品经济、海外贸易

> 和海外移民的形式是自然而正当的。但是局部地区的社会运动是不能单独考察的，它需要纳入中国的整体环境来考察。
>
> 明清，由于少数民族政权的不断介入，使得中国最需要的是内聚力，走向一个以内陆性农业经济为基础的更大规模的多民族的空前巩固的统一封建帝国。帝国更需要“内聚力”而非“外向力”，昭示了以牺牲地方利益作为代价继续强化专制主义中央集权的大趋势。[①]

于是，从明开始，朝廷实施了严厉的海禁政策，延续了300多年。明朝的海禁政策既不准沿海居民外出贸易，也不准居民下海捕鱼，更不准船只在海上航行。所谓“寸板不许下海，寸货不许入番”，总之，就是不允许使用船只进行海上活动，违禁者将处以死刑。然而，当时的潮汕，从明嘉靖后期起，就面临着人口压力。粮食在风调雨顺的时候还能供给有余，逢台风、旱涝等自然灾害，就会缺粮。很多人以海外贸易为生，并且已经形成一个比较有实力的海商群体。于是他们面临艰难的选择：一方面是国家强制力量需要海禁；另一方面，潮汕的实际情况又不可能按这种秩序执行，这严重损害了地方利益。于是，在生存至上的理由之下，强悍的潮汕人开始逆政策而动。

由于这里远离政治中心，所谓山高皇帝远，执政力量一直不强。地方官员既出于地方实际情况的考虑，也有腐败的原因，并没有严格执行国家政策。因此，潮汕人也在这种暧昧的政策中继续着他们的海洋生活，从未间断。这种禁而不绝的政策最终导致法令难以执行，酿成祸患数百年的海寇之乱，给这片土地、这里的人民带来了巨大的灾难。

其实，海患的根本原因是文化原因。正如我们在前文所述，潮汕是一个海洋文化特点比较突出的地方，自古就有海外贸易的传统。在宋元时期，由于政府的鼓励，这里的海外贸易一直都非常发达，很多手工业都因贸易而生，并因此形成了一个靠贸易而生的富裕阶层。因此，明清海禁其本质上是对海洋文化的扼杀，最终酿成海患。

正如杜经国、黄挺老师所述：

> 由于潮人海外贸易已成风习，禁遏则使从商者无以为生，在这种情况下，本区海商往往在贸易过程中对官府的驱捕实行武装对抗。这

① 冷东．潮汕海外移民研究管窥．广州大学学报，2001（1）

种武装海商在贸易中如果遇到挫折，又常常劫掠沿海村寨城镇，以取得资本。所以，这些人又通常被视为海寇。海外贸易与海盗行为混为一体，是本区古代海外贸易的又一特点。这一特点的形成，有较长的历史，而于明中期表现得特别突出。[①]

（二）华侨文化

在原生文化和海洋文化的共同作用下，潮汕民风一直非常剽悍。蓝鼎元在《潮州风俗考》中说：

潮郡依山付海，民有杂霸之风，性情劲悍，习俗纷嚣。

潮阳知县冒澄曾在一份《通禀地方情形》文告中说：

潮属地方，民情犷悍，素称难治之区，而潮阳一邑，尤属疲难素著。……大抵潮属积弊，潮阳无不有之。如纠结锢习，……而潮民倍觉强梁。军械则人有所藏，战斗则视为儿戏，心精胆大，每易生端。[②]

于是，在生存的理由之下，福建广东沿海的居民终于从假装贡使诱使外国船只进行贸易，最终走向武装对抗。亦盗亦商的林道乾、吴平、林凤等人在和中央政府军队的不断战争中，最后远走南洋，在东南亚建设他们的殖民据点，华侨文化得以形成。华侨文化的形成，使潮汕人获得了反抗权威的勇气。他们找到了退路，反抗到最后可以凭借浩瀚的海洋一走了之，地域文化特征的发展进一步加速。

华侨在海外定居之后，绝大多数人仍心存祖国。但是华侨文化形成之初，朝廷对华侨仍然持歧视态度，并采取高压政策。

如清康熙五十六年（1717 年）清廷九卿在商议禁南洋时议定："凡出洋久留者，该督行文外国，将留下之人，令其解回立斩。"泰国海外潮人混血后代郑昭于乾隆三十二年（1767 年）复国称帝后多次上表请封，但是被清朝严词拒绝，称郑昭"本系内地微贱之人，漂流海徼，为其夷目……此等负恩僭窃之人，必不肯稍为假借，庶奸顽有所

---

① 杜经国，黄挺．潮汕地区古代海上对外贸易．潮学研究（2）．汕头：汕头大学出版社，1985

② （清）冒澄．潮牍偶存．光绪三年汪瑔序

儆惧，而岛夷共懔德威。”（乾隆《东华录》卷六十八）外出的华侨即使在国外建功立业、贵为国王的人，仍然得不到朝廷的承认。

郑王墓

泰国吞武里大帝是泰国人特别崇敬的皇帝。吞武里大帝姓郑名昭，是澄海华富村郑镛之子，因长大后任达府太守，封爵披耶，泰国人称之为披耶达信。达信在泰民族生死存亡之际，率军赶走了缅甸侵略军，南征北战，统一了泰国，建立了吞武里王朝。

在他的潮汕故里，华富村建有郑王衣冠冢，规划中还有一个郑王达信公园。可惜，公园至今只是一片菜地。（摄影：黄勇哲）

加里曼丹岛上的华侨遭到荷兰殖民者 8 天 8 夜的屠杀，在这种情况下，清政府没有任何体恤之心。华侨得不到封建王朝的帮助和支持，这大大打击了海外移民的归属感。

其实，海禁政策是完全脱离当地实际情况的不当举措，是违背社会发展规律的。正是在这种违反地方经济社会发展规律的海禁政策之下，地方治理的秩序被破坏并迫使潮汕的海洋性商业传统最终走向抗争。

华侨文化也是潮汕人敢于反抗权威的文化根源之一。所以，近代广东能首先接受西方先进的思想文化，成为近代思潮的根据地与革命的策源地。梁启超说：广东人旅居国外者最多，皆见他邦国势之强，政治之美，相形见绌，义愤自生。又说：广东言西学最早，其民习于西人游，故不恶之，亦不畏之。[①]

在变革现实、改造中国社会的革命运动中，华侨无不在财力、物力上鼎力支持，更有大批热血青年，远渡重洋，回归祖国，参加辛亥革命、二次革命、北伐战争、抗日战争。孙中山曾发出感慨：“华侨

① 梁启超．世界史上广东之位置．饮冰室合集（第七册）．上海：中华书局，1936

是革命之母。”1911 年参加广州黄花岗起义的先锋队（敢死队）的800 名队员中，华侨占了 500 人。

三、反抗权威的具体表现

一部潮汕史，就是一部潮汕人为自身生存发展而斗争的历史，潮汕人自古就是一个极具反抗精神的族群，他们站在实用主义的立场，强悍地维护着他们自己的生产生活方式。

（一）海禁史

潮汕人靠海而生，当统治者实行海禁时，他们先是买通官府进行走私，进行柔和的抵制，后在重压之下进行暴力对抗。宋元之时，允许经商，他们则成为地方纳税的主力。明清 300 余年的海禁使得潮汕人也进行了 300 多年的抗争，从未屈服。为了取得下海谋生的权利，他们申诉、买通、反抗、合作。当海禁大开之后，这里便成为红头船的故乡，成了推动地方、区域、甚至国家经济发展的强大力量，也成为东南亚开发和发展的重要力量，潮汕人在很短的时间里就取得了辉煌的业绩。

南澳金银岛

南澳的吴平寨，据说是中国沿海唯一一个以海盗的名字命名的村庄。在明朝实施海禁之后，以海为生的巨商海民不堪生计，东南海盗群起。南澳由于孤悬海外，且地处两省交界，特殊的地理位置使南澳一直以来成为东南沿海的走私贸易中心，这里曾有日本人的定居点，也是海盗的乐园。名震海内外的巨盗吴平、林凤、林道乾、曾一本等人都曾以此为根据地。紧挨吴平寨的金银岛，传说是明代巨盗吴平藏宝的地方，这里至今仍有很多关于吴平藏宝的传说。岛上，吴平妹妹的雕像一手握剑，一手拿着元宝，守护着岛上的宝藏。（摄影：赖伟清）

（二）革命史

潮汕是一个有着光荣的革命传统的地方。当生产生活受到压迫时，他们是勇敢的反抗者；当国家民族处于水深火热之中时，他们是革命的支持者和参与者。

明王朝进行海禁，他们为了维护自己的生产方式，求得生存的权利，大胆地反抗。面对清朝的腐朽统治，林凤祥、罗大纲在太平天国运动中封王；戊戌变法中，陈景林、林梁任是康有为最忠实的支持者。

辛亥革命中，他们是孙中山革命的有力资助者。1912 年，当孙中山向上海潮州会馆请求借款时，会馆向其借出 424 500 两白银。在孙中山为推翻清政府统治而不断进行的起义中，帮助他筹得最多款项的张永福、沈联芳等人都是潮籍人士，很多潮籍华侨为了资助孙中山的革命，甚至倾家荡产。

潮汕华侨是孙中山发动的多次武装起义的策划者和参与者。潮安华侨许雪秋曾被孙中山委任为中华国民革命军东军都督，主持潮惠一带军事。他是 1905 年潮州起义（未遂）、1907 年饶平黄冈起义、汕尾之役的组织者。潮安华侨陈宏生是潮州起义和黄冈起义的积极参与者，是黄冈起义的临时总司令，是广东光复战的积极参与者。[①]

潮南大南山红场革命烈士纪念碑

大南山革命烈士纪念碑位于汕头市潮南区红场镇。红场镇原名石船镇，1931 年 5 月，东江第二次工农兵代表大会在这里召开时，东江特委书记徐国声将其改名为红场镇。这里是土地革命时期东江特委领导东江地区人民开展革命斗争、生产斗争的活动中心，是大南山革命苏区党政军指挥机关所在地。中国共产党无产阶级革命家彭湃、徐向前、李富春、邓发、古大存、方方等先后来到大南山领导过革命斗争。1935 年，革命失败之后，这里被血腥屠杀，6 万多人口的红场镇几成空巢。为了纪念第一、二次国内革命战争时期在大南山潮普惠地区牺牲的革命烈士，1963 年，中共潮阳县委在此建立纪念碑。如今红场镇是汕头市爱国主义教育基地。（摄影：黄文德）

---

① 李益杰. 潮汕华侨对辛亥革命的贡献. 华侨华人历史研究，1997（3）

当国家、民族的生存受到威胁时，他们是最先进行革命的族群。日军进入潮汕，一直都受到潮汕人强悍的反击。1940 年，潮州枫溪之战，国民党军正是在乡民的帮助下，把千余日军歼灭近半。可以说，一部东南亚的抗日战争史就是潮汕华侨的抗日战争史。

彭湃领导的中国共产党人在海陆丰建立了中国第一个苏维埃政权，他们是中国共产党人的先行者。

（三）生活史

潮汕地区由于地处偏远，政府力量一直薄弱，地方自治色彩浓厚，人们一直按照自己的方式生产生活，游神赛会便是他们的一种组织方式和生活方式。但这种形式由于寄托在神灵的载体上，作为封建迷信的一部分，在西学引进中国之后，一直受到批判和禁止。但是直到今天，他们仍然执著地坚持着。最典型的是澄海盐灶村，其游神活动即使在新中国成立后的“文化大革命”中也没有停止过。最严厉的一年，为了彻底破除迷信，在游神日当夜，部队进驻村庄，神场周围都严密地封锁起来。严阵以待的部队在寒冬中等待了一个晚上，天将亮，部队以为乡民已经放弃，队伍撤离。当部队撤离完毕，早已准备好的游神队伍从各处涌出，疯狂的赛神活动开始了。20 世纪 90 年代，当地政府禁止游神赛会，并采取了严厉的措施，最后发展为警民的严重冲突，变成群体性事件。在潮州，2002 年 4 月 17 日，潮州市政府就下达了《关于弘扬科学精神，反对封建迷信，宣传教育活动的实施方案》，明令禁止游神活动。但在民间，暗地里变相的、小规模的游神活动依然风行。

（四）文化史

潮汕人探索与挑战的勇气，不但表现在商业领域和社会生活领域中，还表现在文化领域上。

1. 以造反为内容的英歌舞

潮阳、普宁的英歌舞是潮汕人反抗精神的一种文化表现。英歌是第一批国家非物质文化遗产，是一种汉族男性的集体舞蹈，流行于大南山周边的潮普惠地区，这里是大革命时期著名的大南山革命根据地。英歌舞始成于清代嘉庆道光年间，完整阵形人数为 108 人，以《水浒传》中梁山好汉攻打大名府为主要内容，表现的是梁山好汉造反的故事。这个造反的故事从清代开始能够一直流传至今，也只有在潮汕地区才能做到。按传统的要求，舞蹈队员一般都是乡村练武者，组织者和教练一般是当地的武术教头，因此，舞蹈极具阳刚、粗犷之气，与一般的南方舞蹈截然不同。

潮汕英歌舞

潮汕英歌舞以潮阳、普宁英歌为代表，流传至今已有四百多年的历史了。英歌舞内容有两种：《水浒传》中的梁山好汉攻打大名府救卢俊义和劫法场救宋江。表演者多为青壮年习武者，以 108 人为标准。英歌舞阳刚、粗犷、恢弘的表现形式，配以鼓声来控制舞蹈的节奏，极具观赏性，表现出潮汕民性中极其强悍的一面。近年来，英歌舞已经从此前单一用于祭祀的仪式，转变为佳节喜庆的活动形式，在海内外具有广泛的影响。（摄影：黄勇哲）

2. 离经叛道的张竞生

张竞生（1888—1970 年），饶平人。20 世纪二三十年代中国哲学家、美学家、性学家、文学家和教育家，民国三大博士之一，潮汕地区第一位博士。他曾作为孙中山委任的南方议和团首席秘书，参与南北议和谈判。他也是民国第一批留洋（法国）博士，1921 年至 1926 年任北京大学哲学系教授。张竞生与诸多潮汕学者一样，都是实践主义者，有着强烈的实践主义倾向。20 世纪三四十年代，他在粤东山区开公路、育苗圃、办农校，成为当时“乡村建设运动”忠实的践行者。时有“南张北梁”（北方是梁漱溟）之称。他率先提出计划生育，首倡爱情大讨论。但他征集出版的《性史》一书，使他声名狼藉，成为人人唾弃的“色情博士”，成为那个倡导思想自由的时代中最离经叛道的人物。不管是军阀还是大学校长、文化名人，都把他当作异端。军阀想打死他，大学校长要驱逐他，梁实秋还撰写了《张竞生丑态毕露》、《性学博士》等一系列文章，呼吁取缔他出版的书以及他主办的《新文化》月刊。坚持性解放的张竞生是如此惊世骇俗，他成了当时中国人人皆知的“性学博士”。当社会压力铺天盖地而来的时候，他体现出了坚韧的抗争精神，继续着他的性解放事业。最后，虽然他妥协了，体现出潮汕人通融适应的一面，但是，思想已经在开花、结果。他对新中国提出的计划生育主张虽然没有得到毛泽东的认同，但思想已经存在。他首创的爱情四规则：一是爱情是有条件的，二是爱情是可比较的，三是爱情是可变迁的，四是夫妻为朋友的一种，至今仍然有指导意义。他建立在实践基础上的性学理论虽然使他一生蒙受恶名，但是，今天终于得到世界的承认。使他背上万恶骂名的《十年情场》和《性史》在1998年已经由花城出版社出版，再没有争论和非议。妥协了的张竞生坚韧地活到了1970年。

张竞生博士塑像和故居

针对张竞生博士著的《性史》一书，鲁迅先生的评价是“至于张先生的伟论，我也很佩服，我若作文，也许这样说的。但事实怕很难……知道私有之念之消除，大约当在二十五世纪……”（摄影：罗涛）

他所提倡的计划生育比马寅初早37年，是第一个在大学课堂讲授“逻辑学”，第一个提出“美治”思想，最早在中国提出和确立风俗学，最早翻译卢梭的《忏悔录》，最早发表人体裸体研究论文的人，这就是一个充满创新精神的坚韧而叛逆的潮人知识精英。

四、挑战权威的依据和力量源泉

（一）挑战权威的依据是实用主义

潮汕人敢于挑战权威，其依据就是实用主义原则，即判断事物的合理性来自于实用，也就是“实践是检验真理的唯一标准”。以300多年的海患史为例，他们所凭借的依据就是生存与发展权的事实。曾任潮阳、普宁知县的蓝鼎元有这样一段话：

“闽广地少人稠，田园不足于耕，望海谋生者十居五六，内地贱菲无足轻重之物，载至番境，皆同珍贝。是以沿海居民，造作小巧技艺，以女红针黹皆于洋船行销，岁收诸银钱货物百十万，入我中土，所关为不细矣”。所以，南洋未禁之先，闽广家给人足，游手无赖，亦为欲富所驱，尽入番岛，“鲜有在家饥寒，窃劫为非之患”。南洋禁后，沿海居民“萧索岑寂，穷困不聊。”他们或走险海中，为贼驾船，图目前糊口之计，“其游手无赖，更靡所之，群趋台湾，或为犯乱”。[①]

蓝鼎元是漳浦人，清代文武全才的名臣，在潮阳、普宁两县为官，他对潮汕社会有着深刻的理解。他在《潮州风俗考》一文中对潮州人心不古、风气败坏的状况进行了强烈的批判，但在海禁政策上，他也清醒地看到了其违反客观规律的地方。

而对于潮汕人本身，在实用的立场上，只要认为合理的就会坚韧地坚持。

因此，当潮州民众发现现行的法律、政策严重损害他们的利益时，便产生了对现行不合理政策的反叛，在重压之下容易发展成暴力对抗，在无路可走时就远走他乡。

（二）挑战权威的底气来自海洋

著名历史学家汤恩比在其巨著《历史研究》中说：“海洋，是一个伟大的解放者。”

明清海禁之时，潮汕人之所以敢于挑战，正是由于潮汕地处东南沿海边陲，远离政治、军事中心。一个远离帝国中心的偏远的海滨地

① 蓝鼎元．论南洋事宜书．鹿洲初集（卷三）．厦门：厦门大学出版社，1994

区，军事力量自然非常薄弱，这就给了他们挑战的空间。古潮州地理上与福建一脉相传，但行政上长期隶属于广东，处在闽粤赣之交界处。海禁之后，南澳岛特殊的地理位置更成了一个海上天然的走私场所，于是出现了“广捕之急则奔闽，闽捕之急则奔广”的现象。而在福建、广东地方政府的互相推诿之下，海上走私一直在发展。

最主要的是，大海也给了他们最后安身立命的地方。当与明王朝公然对抗的林道乾、吴平等人最后面对明王朝强大的军事压力之时，他们可以带着家眷远走南洋，林道乾还成了大年国的女婿。当他们用武装力量在南洋获得安身立命的地方之后，潮汕人就获得了一个可靠的生存基地。本土的潮汕人，当生存条件恶劣，或者无法容身于国家、社会之时，他们仍可以到海外寻找生机。这就是潮汕人那句著名的俗语“食到无，过暹罗”，即使到了山穷水尽之时，也可以到泰国去寻求最后的出路。

支持康梁变法的陈景仁，当八国联军攻陷北京，慈禧和光绪逃亡的时候，他通电全国，痛斥两人误国，体现出极大的胆识。《辛丑条约》订立，慈禧回北京，要对其进行治罪，陈景仁便逃亡海外。

共产党人的革命先驱彭湃、周恩来等在革命最困难的时候都曾从这里撤往香港。

新中国成立前，很多潮汕人走投无路、在死亡线上挣扎，因远渡南洋而最后功成名就、衣锦荣归者不在少数。大海给勇敢者以机会。

（三）华侨文化的支持

冷东在《潮汕海外移民研究管窥》中有一段话，比较深刻地揭示了华侨挑战权威的作用。

> 海外移民的特性就在于他们移民的轨线不断解域“国家机器”对定居的管理和控制，即对空间的定域。移民在东南亚的潮汕海外移民，就可以比喻为“逐水草而居的海上游牧民族”。这些“水草”就是早期东南亚的经济命脉：锡矿、橡胶、棕油甘蜜、胡椒、甘蔗以及其他的矿产及种植业。他们始终游离在“国家机器”的中心控制之外，脱离主流社会的等级制度和二元思维，从不归域。如果说归域的话，“海外移民只归域到解域自身上去”，它意味着背叛主流道德，打破文化代码的约束，并放弃在社会框架内约定俗成的地位和身份，等等。[1]

① 冷东：潮汕海外移民研究管窥．广州大学学报，2001（1）

华侨的存在本身就是一种挑战的结果，同时也给了潮汕人以挑战权威的支持。

华侨文化是潮汕文化的重要构成部分，由于华侨遍及全世界，并与本土不断进行信息交流，因此，即使在最封闭的时期，潮汕人依然可以从华侨那里获得关于市场、世界的各种信息，他们仍然知道外面的世界是什么样子。这些信息能使他们不被权威所迷惑，不被过多的条条框框所约束，从而能更加客观地认识世界。因此，他们是勇于接受新事物，敢于革新的族群，这也许能解释在广东省设立的 3 个经济特区中，为什么第一任领导人都是潮汕人的原因。

潮汕人有着非常浓厚的宗亲情结和乡土情结，他们即使到了遥远的海外，仍然对祖国、对家乡充满了感情与眷恋，在“文革”时期，他们也没有忘记对家乡的接济与支持。20 世纪 70 年代末，政治氛围稍为宽松，他们马上成为当地民间信仰恢复和宗族复兴的资助者，被破坏、禁绝的民间文化得以迅速恢复重建。

第二节　实用主义倾向

潮汕人特别崇尚实用主义精神，对他们来说，理论体系茫远而无用，实践是检验真理的唯一标准。因此，他们的行为方式从来不追求合理与合法，凡是符合实用精神的，即使理论上难以站得住脚，他们也会坚信不疑。

> 早在 1907 年，广府名人、国学保存会创办人之一的黄节在其出版的《广东乡土地理教科书》上，写出了“客家与福老，非粤种，亦非汉种”的字眼，为此客家人与广府人打了好长一段时间的笔墨官司，客家学也由此开始显端。而作为河洛民系之一的潮汕人对此蔑视言论根本就不屑一顾，你吹你的牛皮我继续赚我的钱，务实不务虚。[①]

这是一段在网上流传甚广的文字，这段文字充分说明了潮汕人特别务实的商业特性。

---

① 引自百度百科关于“潮汕人”的“国内状况”的注解，访问路径为 http：//baike. baidu. com/view/43765. htm？ tp = belinked

一、潮汕人实用主义精神的形成

（一）偏远之地

潮汕，这个偏远之地，在宋明两代科举制度之风甚盛，出了一大批进士，甚至状元。但是对于背山朝海、以海谋生的潮汕人来说，来自内地的农耕文化对他们的海洋生活缺少现实的指导意义。因此，他们一直坚持认为，从书本获得的知识远比不上从现实中获得的知识实用。因此，“识字掠无蟛蜞”这句话被潮汕人广泛接受，并奉为哲言。当北方汉文化由于民族融合而发生巨大的变化之后，潮汕以语言为核心的文化形态地域性越来越明显。理论、读书对于现实生产、生活的指导意义就更小了，因此，潮汕人一直有一种反理论倾向，甚至在做学问方面也表现出强烈的实用主义精神。

（二）侨乡社会

明清特别是清之后，由于侨乡社会的形成，潮汕人获得的资讯、经验更多来源于他们的侨居地。而潮汕人绝大多数侨居在东南亚，东南亚的文化形态比潮汕本土落后，更难以为华侨提供理论指导，华侨从本地带去的潮汕文化和实践经验成为指导他们生产生活的最主要的依据。因此，华侨的存在更进一步强化了他们的实用主义倾向。

此外，旅居在外的潮汕人一开始大多只是以赚钱回家为目的，所以，其经营并不追求长远效益，“百赊不如五十现”（100 块钱的欠款不如50 块钱的现金）就是这种精神的体现。实用主义无疑特别有利于这种目的的实现，因此，实用主义精神被进一步强化。

二、潮汕人实用主义的表现

潮汕人是顽固的实用主义者，不管是生活、生产还是做学问无不体现出这种精神。

（一）潮汕人的谋生之道

邓小平同志曾经把中国的改革开放比喻成“摸着石头过河”，这种精神实质就是一种实践精神。中国的改革究竟应如何进行？中国改革的方向究竟是走资本主义道路还是社会主义道路？这种争论对潮汕

人来说是可笑的。不管是在本土，还是远涉南洋，抑或是在国内各地谋生，根本就没有姓资姓社的问题，赚钱谋生才是硬道理。渡过茫茫的大海，到莫测的海外去需要的是一种勇气，那是一种比摸着石头过河更大的勇气，还有一种遇境而当的实用主义哲学。他们能清晰地计算出哪一种方式是最佳的谋生之道，并身体力行地去做。

黄挺老师曾讲过一个例子，他说，潮汕人自宋代之后，科举就非常发达。明之后，潮汕人在科举方面更是取得了非凡的成绩。在明代，很长一段时间，其考中进士的人数在广东首屈一指，最多的一年竟然占到广东全省的70%，这说明潮汕人特别聪明好学。清代，潮汕人在科举方面仍然屡获佳绩，但是，雍正之后，清政府出台了一项政策，即到国外购买200吨大米捐献给政府就可以获得六品顶戴。这之后，潮汕人几乎就再也考不上进士了。潮汕人是坚定的实用主义者，他们有商业天赋，精于计算：十年寒窗，加上特别聪明，再加上特别好的运气，才能考中一个进士。但考中进士，哪怕考中了状元，外派当官也不过是一个七品官。而到南洋去买米，按当时南洋米价与本地米价一比三进行计算，三艘满载稻米的船回到本地，捐200吨米给政府，卖掉其余两船米还能赚钱，且能得到六品的顶戴。对于长于航海、走惯东南亚的潮汕人来说，海外贸易又能赚钱又可买官，这可是一举两得的好事，这比参加科举考试划算得多。于是，当地人彻底放弃了考试，雍正之后潮汕只出过一个进士。虽然再没有人考中进士，但潮汕大地，特别是樟林等侨乡到处是大夫第之类的官宅，那都是商人通过捐米而得到的。可见，对于潮汕人来说实用是最重要的，结果也是最重要的。

（二）潮汕人的信仰之道

正如笔者在“敬神乐生的生命意识”一章所述，潮汕人是一个有信仰的族群，但他们的民间信仰并不是从理论体系中产生出来的。对于宗教来说，理论问题极其重要，如果没有合理的理论，信仰就很难建立起来。但是，在潮汕人的现实生活中，信仰的关键只是要所拜之神灵验，至于此神是道是佛是儒甚至是人则完全没有关系。潮汕人的信仰也是唯实用论的。比如在汕头海湾南岸的九宫娘娘庙。据坊间传言，九宫娘娘曾托梦于某华侨，表示愿意到此处来落户，如果同意，她将保佑汕头从此不再受台风之灾。长期深受台风之苦的汕头人于是在此为其建庙。说来神奇，自从此庙建成，汕头台风不再肆虐，多年来只有一次台风登陆。虽然，从科学理论的角度看，此说法近乎无聊和不可思议，但这些又实实在在地存在着，于是庙中一直香火甚旺，汕头人相信她就是汕头的保护神。于是，每年汕头人都要到那里去求签问卜，俨然香港的黄大仙。

九宫娘娘庙（摄影：郑嘉妮）

在潮汕地区，游神是一种传统，但是著名侨乡樟林仙陇村的国王宫的神从来不出游。很久以前当地就一直有传说，称此宫国王的座下压着许多凶神恶煞，国王一离开，这些魔鬼就会作乱害人，所以仙陇宫的国王不能巡游。据说，在 20 世纪有不信邪者曾让国王巡游过两次，20 世纪 20 年代巡游一次之后就闹农会；30 年代末又巡游一次，次年日本兵就烧了整个仙陇社。因此，当地人就再也不敢巡游这尊神了。虽然我们可以用多种理论，特别是哲学和科学很清楚地解释这些现象。但这就是潮汕人的思维方式。他们最信任的玄武山佛祖也是如此。因为灵验，所以相信，至于灵验背后的理论，他们是不管的。

（三）潮汕人的经营之道

实践失去理论的支持之后，必将沦为经验主义，难以为继，短期行为也会出现。潮汕人作为一个长期缺乏理论指导的族群，为什么能在经济领域中取得那么大的成绩？大多数潮商文化层次并不高，取得成功的原因是什么？应该说，这与他们长期以来形成的实践能力有关。由于缺乏理论支撑，多数潮汕人学会了在行动中总结，在实践中学习

思考的能力。由于潮汕人是一个特别人性化的族群，长期的大家族传统使他们在思考问题时，最擅长从人的角度出发，从人性的角度去思考问题。潮汕人的实践证明，以人为本，从人的角度去思考问题、解决问题往往就抓住了问题的本质。因此，他们所到之处都能构建出庞大的人际关系网络，为他们工作的开展提供了极大的方便。更重要的是，他们在长期的实践中，培养了几种高超的能力。一种是基于潮汕精耕细作和长期经商而获得的精打细算的文化传统。精打细算的经营传统是重实践性的，为潮汕人在资本原始积累阶段提供了巨大的帮助。于是，在深圳、珠海、东莞等发达城市，水果、肉菜市场几乎都被潮汕人垄断。他们从一筐菜，一个卖牛肉丸粿条的小摊档开始，辛苦经营、精明计算，做小生意的能力非其他族群所能及。另一种是敏锐的商业直觉能力。当完成资本原始积累之后，企业做大做强需要高超的管理能力和决策能力，才能成就巨商大贾。纵观成功的潮汕商人，他们大多没有很高的学历，但他们出色的管理和对市场的判断能力令人赞叹。虽然学历不高，但他们拥有了在实践中学习的能力，把任何一项实践当作学习的机会；更重要的是他们拥有一种天生的商业直觉，这种商业直觉是他们成功的法宝。

华人企业家李嘉诚拥有许多博士头衔，有人找了许多他成功的理由，并试图形成理论。但是，我们更相信他的能力来自于直觉。1958年，他在“房地产的寒冬”果断出击，是否是基于理论的判断，我们不得而知，但是我们可以对他在应对最近这次全球金融危机时体现出来的能力进行分析。早在2006年，他就提醒过管理层，务必减少债务，准备好应对危险；到2007年，在全球次贷危机尚未爆发的时候，他又几次提醒管理层要谨慎，实践证明他是对的。这是李嘉诚的公司在历次危机中屹立不倒的关键，他的公司也正是在一次次的危机中抓住了机会而取得了巨大成功。如果有人要说，李嘉诚有能力预测到这样的危机，有证据预示或者有理论推断出这种危机，这显然缺乏说服力。因为这次金融危机的来临，全球没有一个经济学家预测到，没有任何现成的理论可以推断，但是李嘉诚感觉到了，凭借的就是他的商业直觉。

类似的案例还有很多，许许多多成功的潮汕商人，他们的文化程度都不高，但商业成就很大。他们在商海中，总能抓住一般人难以抓住的机遇，这正是得益于他们非凡的商业直觉能力。

（四）潮汕人的学术之道

潮汕史上，除了海盗、巨商，还有许多文化名人，如状元林大钦、理学家薛侃、兵部尚书翁万达、洋务派丁日昌、当代国学大师饶宗颐等。从他们身上，我们仍可以看到鲜明的潮汕特色，那就是坚定尊重实践的感性直觉能力。

王阳明学说产生之时，由于“程朱学说”占统治地位，“王学”作为当时的“异端邪说”，为什么可以很快在潮州流行，除了潮汕人特别容易接受新鲜事物之外，还有一个很重要的原因，就是王学是实践哲学。薛侃在潮汕大力弘扬王学正是基于此种心理。王学的推广，也使潮汕文人的尚实精神得到了强化。

薛侃是正德年间的进士，王阳明儿子的老师，在王门中地位很高，王阳明非常倚重他。薛侃辞官回家讲学十余年，其宣扬“实践”之理学，在潮汕影响很大，对潮汕人“尚实”观念的进一步强化起到了很大的作用。在他的努力下，最终形成了有别于其他王学的潮州王门学派。

正如黄挺老师所说，潮州王门学派“强调修养与践履的统一，在学术上虽然尚欠精微，但是在将治心所得推及实用方面，用功甚勤。这是潮州王门学派的主流思想。薛侃的学说，最能代表这一倾向。”①

薛侃学派最终形成这一倾向，也正是与潮汕本地的人文特点紧密相连的。薛侃除了在学术上进行推广，他还针对潮汕社会国家意识淡薄的问题大力推行“修乡约”活动，体现了实践家的可贵精神。在潮汕的政治文化名人当中，除了崇尚行动哲学的薛侃之外，不管是翁万达，还是丁日昌，他们都将人生理想完全寄托于一生的行动之中，至死方休。这就是潮汕人的实用主义精神。

因此，正如杜松年先生所言，明朝中期以来，潮汕人“大至当朝的尚书，中状元的大人物，小至普通老百姓的种田农民和抽纱姑娘，几乎个个都是充满务实精神的实干家”。②

---

① 黄挺，陈占山．潮汕史．广州：广东人民出版社，2001

② 杜松年．潮汕大文化．北京：中国科学技术出版社，1994

第三节　反抗、求实精神之缺失

一、国家意识薄弱

由于被边缘化，潮汕人过于追求实利，关心眼前的生计远甚于关心抽象的政治，国家意识一直都比较薄弱。他们一般都要等到危及国家民族存亡之时才会表现出强烈的国家意识和反抗精神，而在和平时期、发展时期只关心现实的生活问题、发展问题。实际上，中国人的政治意识基本上是以北京为起点，呈现由北向南减弱的趋势。在广东最偏远的粤东地区，政治意识、国家意识最为薄弱也是理所当然的。在国家意识较为薄弱的情况下，当政策不符合地方利益的时候，反抗权威的精神很容易表现为有令不行、有禁不止的地方主义倾向。

国家意识薄弱的文化倾向迫切需要我们去进行改造，历代潮汕先贤有不少人已经意识到潮汕地域文化的这一特点，并试图通过他们的努力进行改造。

（一）林大春的努力——信仰改造

在古代，由于中央政府的力量很难达到边远的潮汕地区，特别是在明以前，政府对县以下乡村的控制很大程度上是依托于神权的。明以后，政府对地方的控制才逐渐转化到利用宗族力量和神权双重手段。因此，历史上的统治者对地方的控制一般都是以敕封地方神的形式来取得土著对王朝的文化认同，潮汕的三山国王多次被敕封就是这个原因。但是，封建王朝所推崇的国家神灵，特别是代表了忠义观念的关公、双忠公等在潮汕的普及情况一直都不理想，特别是双忠公崇拜。为了培养潮汕人对朝廷的忠义之心，林大春可谓煞费苦心。在潮阳人民抗击海寇之时，屡传双忠公显灵之事，在林大春的记载中，“双忠公”显灵退乱有三次。[①]

第一次是元天顺年间（1382 年）发生的事：“天顺间，夏岭为乱，乘虚且袭潮阳。将至，望见城中车旗火炬甚盛，遂不敢进，因讨平

① 林大春．重建灵威庙记．（明）隆庆潮阳县志（卷十五“文辞志”）

之。"“双忠公”显灵，居然吓退了围城的夏岭之敌。

第二次是明世宗嘉靖庚申年间（1560 年）发生的事："嘉靖庚申，漳寇入城，为翁别驾所破。当时闻贼众，自言既入城，即手持尺铁不动，竟尔授首。父老相传，皆谓二公有阴兵云。"何等玄乎，入城漳寇竟然手持兵器不能动，以至于束手就擒。

第三次是发生在嘉靖四十二年即癸亥年（1563 年）倭寇围潮阳的事。

双忠公庙

唐代"安史之乱"中，张巡、许远二将在睢阳保卫战中牺牲，朝廷为嘉其忠义，追封为"忠烈侯"和"忠义侯"，号称"双忠公"，成为国家祭典神。双忠公最先由潮阳人引至潮阳东山建庙，后经林大春鼎力推广，成为潮汕地区的主要信仰之一。近几年来，政府把双忠公祭拜与"双忠精神"、"双忠文化"结合起来，用作爱国教育的题材。（摄影：肖晓红）

双忠公显灵纯属子虚乌有，一代大儒为什么要参与造假，原因就在于：双忠公就是在唐"安史之乱"中死守睢阳城的张巡、许远，此二神推崇的是以三纲六纪为核心的国家正统文化。宣传双忠公信仰，其实就是要借助中央神祀，把忠义观念灌输给潮汕人，实现国家权力对地方社会的控制，但遗憾的是潮汕人将这种国家信仰变成了地方神崇拜。

（二）薛侃等人的努力——修乡约

信仰是有弹性的，信仰对文化观念的影响很大，但是潮汕人多神崇拜冲淡了这种效果。而且在根深蒂固的实用主义文化之下，潮汕人把代表国家忠义的神灵变成保佑平安的神，林大春的努力未能达到目

的。在明代，最能影响当地百姓生活的是起着现实管理功能的宗族，因此在乡约中加入国家的政令，而达到强调国家与官师权威的作用，才是最为行之有效的办法。大儒薛侃等一批士大夫就为此作过不懈的努力。正如黄挺、陈占山在《潮汕史》中所记：

薛侃的《乡约》一开始就是洪武皇帝的“圣谕六句”，其次又全文记录“县谕”和“申戒”的内容，而针对本地社会管理开列的，申戒县谕的“约议”22条，放在最后。这一文字结构上的处理，已经显示了帝王和官师在乡约中的权威。[①]

在明代，科举制度催生出一个庞大的士绅阶层，由于他们接受了主流文化的教育，具有强烈的国家责任感，能站在国家政权的立场上思考问题。其中的文化精英更能明白社会发展的趋势，懂得与主流文化形态保持一致的重要性。他们对当时潮汕社会的背离倾向忧心忡忡，他们希望通过最能影响人的行为习惯的乡约的修订，使潮汕社会回归正统。直至明代，这种努力一直没有停止。

（三）陈天资等士绅的努力——修地方志

明万历年间，陈天资等一批有社会责任感的地方士绅，目睹潮汕地区在海寇山贼的抢掠抗争中文化传统逐步丧失，民心散乱，政令不通，深刻感受到政治、文化的边缘化带来的恐慌。有文化自觉意识的士绅们，不约而同地希望通过文化上的努力来弥补这种裂痕，重塑地方文化，重归文化正统。因而，出现了一个修地方志的高潮。陈天资修《东里志》就是其中一个例子。

中山大学陈春声教授有一段中肯的评述：

综观《东里志》全书，作者致力于塑造东里“家诗书而户礼乐，务本力穑”的文化传统，除了向外人证明本地不是教化未开的蛮荒之地外，还有一个重要的目的，就是以这种被士大夫重新解释过的历史传统“劝善化恶，厚风俗，正人心，而羽翼治道”[②]，而且，士绅们可

---

① 黄挺，陈占山．潮汕史．广州：广东人民出版社，2001

② 陈春声．嘉靖“倭乱”与潮州地方文献编修之关系——以《东里志》的研究为中心．明清论丛（第二辑）．北京：紫禁城出版社，2001

能认为后一目的更加重要。

遗憾的是，清之后，特别是潮汕科举因商废弛之后，潮汕地区接受国家正统文化教育的士大夫阶层逐渐衰弱，这种力量逐渐消失了。

二、规避政策的偏好

潮汕人的商业传统培养了他们敏锐的利润意识和逐利观念。潮汕人水性的族群特征决定了他们能更加灵活地去适应新生的事物。但是，由于国家意识薄弱，由于对政策的轻视，潮汕的发展产生了一系列问题。改革开放是“摸着石头过河”，国家经济政策需要在实践中不断发现问题然后逐步完善。特区时期的潮汕人，正是利用尚未规范的特区优惠政策，利用违规成本极低、利润奇高的开放政策的漏洞，不断地获得超额利润。走过特区高速发展时期的人们都记得，当批文经济产生之时，各级政府都未能注意到其危害性，商人在对利润的追逐上，其敏锐的心思、对政策的规避都极富狡智。正如陈春声教授在《从地方史到区域史——关于潮学研究课题与方法的思考》中提到的那样，潮商早在清朝就懂得利用清政府与琉球王国签订的海难救助制度规避海禁制度而进行合法贸易，这种规避制度而进行的走私或者类走私行为在各个历史阶段都有所体现。

清代相当长的一段时间是禁止海外贸易的，但是，潮州商人很早就明白在制度框架内继续他们的海外贸易。

> 明清两代，特别是到清朝的时候，中国跟琉球王国之间，有一个相互的海难救助制度。中国的船只如果遇到了海难，漂流到琉球，琉球王国会尽量把船修好，再把遇难的船民安全地送回中国来，主要是送回福州，这是清朝指定的琉球王国的朝贡贸易港口。……《历代宝案》里也有类似情况的记载，包括潮州樟林这边的船。一条船在这边装运了红糖，驶到乍浦去把红糖卖掉，再到现在东北的营口一带运了一船大豆，出渤海湾就遇到大风，遇风以后，这条船自然就被吹到琉球去了。按照朝廷规定，如果船破损太严重，那就不用修了，可以把船就地焚化，拿几个船钉回来注销这艘船在广东挂的号。以后到东南亚一带再造一条新船，又可以再去挂号了。这样，其实就可以在琉球把船卖掉，再把东西也卖掉。接着，琉球的朝贡船只就把这些中国人

送回来，随身带几根铁钉就回来交差了。只要细读史料，就会发现很多这一类的事情，看起来好像与典章制度相违背的行为，其实还是在典章制度内部做事的。①

这种市场意识过于早熟，走在国家市场化前面的商业意识带来了诸多弊病，成为后来中央工作组大力打击的诱因。汕头市不少优秀企业在特区优惠政策之下，不仅没有发展出健康的实业经济，反而在大量政策漏洞和政府的不规范操作中走向了邪路，最后被批文经济所吞没，潮阳桂冠集团就是一个典型的例子。桂冠集团曾经是一个品质一流的纺织服装企业，其技术与市场都经营良好，在实业经济做得如火如荼的情况下，经受不住骗税高额利润的引诱而走向犯罪的深渊。当前，随着市场经济秩序的逐步规范，法制建设的不断推进，潮汕已经走出制假售假、走私贩私的困境。在2009年粤东工作会议上，广东省质量技术监督部门向汪洋书记汇报时说，近年来，省打假部门已经几年不来汕头了。这充分说明，随着法制建设的推进，随着市场经济的成熟，粤东民营经济已经走过了资本的原始积累阶段，粤东正朝着规范化、正规化的方向发展。

但是，时至今日，仍有黄光裕之流重蹈覆辙，这再次给潮汕人敲响了警钟。

关于商业意识早熟之下的投机行为，冯仑（万通集团董事长）告诫道：

“听党的话，跟政府走，否则你的企业根本没办法发展”。比如，刘永行兄弟就是中国民营企业家中“听话”的典范。他们每一步发展都配合着政府的政策节奏，从不钻政府政策的空子，从而也让家族生意能避开政策调控的锋芒！但黄光裕兄弟从创业开始，便一直是踏着政策和法律的边缘迈步前行！②

应该说，冯仑对主流意识形态权威性的理解是深刻的。

---

① 陈春声．从地方史到区域史——关于潮学研究课题与方法的思考．区域社会史比较研究中青年学者学术讨论会论文集，2004

② 黄光裕神话破灭：企业家难逃“第一悖论”．经济新导刊，2009（1）

第四章　敬神乐生的生命意识

潮汕人是一个有着浓厚宗教精神的族群，至今，他们仍然保持着“国之大事在祀与戎”的古风。祀神仍然是潮汕人生活中极其重要的一部分，他们每年都要花费很多的时间和金钱在祀神上，这种风气在当代备受批评。然而在这个物欲横流、信仰缺失的时代，有信仰也未尝不是一件好事。正是由于有信仰，才培养了他们坚强的意志；正是由于有信仰，才培养了他们的敬畏之心和强烈的慈善情怀；正是由于有信仰，才培养了他们团结互助的生存发展能力。当然，我们也不否认这种敬神习俗确实有待扬弃。在潮汕人生活的世界里，古风中的祀与戎被紧密地结合在一起，只不过，戎成为商界的竞争，正所谓“商场如战场”。他们保持着传统的信仰，辛勤劳作，积极谋生，创造财富。在潮汕人的生活中，祀神与积极谋生、享受生活紧紧地联系在一起。

第一节　敬重神明的潮汕人

一、潮汕人的泛神传统

潮汕地区有着源远流长的宗教传统，饶宗颐先生在论及潮人学术时指出：“潮人文化传统之源头，儒佛交辉，尤为不争之事实。”[①] 潮汕地区有着长盛不衰的佛教传统，是一个高僧辈出的地方。

在潮汕人所崇拜的神中，除了佛、道、基督，还有数量极其庞大的神明队伍和祖宗崇拜，这些构成了潮汕人的民间信仰。

按照社会学常识，人类的信仰是分阶段的。在文明发展的低级阶段，由于生产力低下，出于对自然的无知，容易对自然现象产生崇拜，于是就出现了山神、海神、树神和土神的泛神崇拜。随着人们认知水

① 饶宗颐．潮人文化的传统与发扬．国际潮讯，1990（11）

平不断地提高，信仰向高级阶段发展，人类社会逐渐进入宗教信仰阶段。进入宗教信仰阶段的人，对所信仰的宗教忠贞不渝，如信佛教则不会信基督教、伊斯兰教等其他宗教。但是，时至今日，潮汕人的信仰仍停留在泛神阶段，儒、道、佛与民间信仰和平共处，济济一堂。

本应是形而上的宗教，在潮汕人这里，也难以实现精神上的超越，难以达到终极关怀的境界，而始终停留在形而下的日常关怀之中。

在他人看来，潮汕人可能是一个迷信得有些不可理喻的群体。这大抵是因为他们没有看到本质，可以说，这种虔诚之至的外现正是潮汕人在他们独特的泛神信仰中培养出来的文化特性。

（一）潮汕民间信仰的分类

1. 从来源分类

潮汕民间信仰从来源分类可以分为本土神祇、外来神灵、历史人物和祖先。

本土神祇，如三山国王，是本地最古老、信众最广的神明；外来神灵，指的是从福建引进的妈祖，从北方传入的关公、双忠公（唐代张巡、许远）；历史人物和祖先是那些为潮汕人民造福而被纪念的古代人物，其中最著名的是为潮汕人民建造和平桥的大峰祖师，让潮汕沿海居民解除迁海界之苦的两广总督周有德、广东巡抚王来任和征服南洋的郑和。此外，还有文天祥、介子推等历史人物。

2. 从领域分类

潮汕民间信仰从领域分类可以分为山神（三山国王）、水神（妈祖）、天公、土地爷、生育神（注生娘）、财神（关公）、儿童神（花公花妈）、五谷神（五角母）和灶神等。

（二）潮汕民间信仰中的主要神明及祀日

1. 三山国王

三山国王，即今揭阳市揭西县河婆镇的巾山、明山、独山三座山的山神。三山国王是潮汕民间信仰中信众最广泛的神明，几乎所有的潮汕村落都有三山国王宫（或庙），三山国王崇拜实质是一种山神崇拜。韩愈在潮州时，写下的《祭界石文》便是祭三山国王的。随着潮汕人、客家人的不断流动，这种信仰被带到世界各地，特别是台湾地区和东南亚一带。目前，仅台湾就有三山国王庙 170 座。三山国王的祖庙在揭西河婆称霖田祖庙。

霖田祖庙

三山国王祖庙也称霖田祖庙，位于广东省揭西县河婆镇庙角村，由于巾山、明山、独山三山鼎峙，三山国王由此而来。三山国王是潮汕地区的原始山神崇拜，见于文字则从隋开始，距今已有 1 400 多年的历史，后经历代朝廷多次册封，成为潮汕最有影响力的神灵。三山国王信仰随着潮汕人的迁移而遍布全世界，尤以台湾地区和东南亚为多。每年的六月初六为三山国王生日，世界各地都有信众到这个地方来拜祭。（摄影：张明晖）

2．妈祖

妈祖是海洋之神，是具有国际影响力的神明，也是新中国唯一承认的国家祀典神——海峡两岸和平女神。潮汕人长期以海为生，文化具有鲜明的海洋特性，妈祖信仰的广泛性在潮汕地区仅次于三山国王。妈祖与三山国王是潮汕的两大民间信仰，这与潮汕人的海洋性文化密切相关。

妈　祖

妈祖是中国的海神，也是东亚、东南亚各国的海神，是新中国唯一承认的国家神祇——海峡两岸和平女神。（摄影：黄勇哲）

3. 大峰祖师和双忠公

大峰祖师是宋代来到潮汕的和尚，他为当时遭瘟疫横行之害的潮汕人施医送药，并在官驿上修建了和平桥，潮汕人为感念他的恩德，设庙拜祭，潮汕的善堂都供奉大峰祖师。

双忠公是唐代“安史之乱”中因守睢阳城而罹难的张巡、许远，他们是朝廷敕封的国家神，是忠义的化身，后被引进到潮汕。

4. 玄天上帝

对潮汕人来说，最灵验的神明是在汕尾市陆丰县碣石镇玄武山上的玄天上帝。每年，人们都会到那里求得神明的保佑，并请神明为他们指明一年的行动方向，玄武山的签诗深刻地影响着潮汕人的人文精神。

5. 祀日

潮汕地区一年中的祀日之多令人应接不暇。传统节日有春节、元宵、清明、端午、七月半、中秋、冬至、除夕。除此之外，还有各种各样的神灵诞日和特别活动。二月廿九娘生（观音菩萨诞日），二月廿五国王生（三山国王诞日），三月十九太阳公生，三月廿十妈生（妈祖诞日），三月廿九（六月廿六）伯公生，四月初八佛祖生，六月廿四财神生，七月初七婆（花公花妈）生，十月十五生（五谷神神农氏诞日）。

大年初四神落凡，腊月廿四神上天，还有每月农历的初一、十五都要祭拜灶神、土地神。而每个乡村在农历正月到二月间，都设定有游神狂欢的特大节日，这种全村性的狂欢有的甚至要持续一个月的时间。此外，还要在祖宗的死亡纪念日进行祭拜，称为“做忌”。

这些着实令人眼花缭乱的信仰，已经成为现代潮汕人不能承受之重，于是从城市到农村，信仰重塑已经成为一种趋势。随着生活节奏越来越快，繁忙的工作使居民无法保持这种传统，很多传统正在改变。特别是一些正在快速城市化的村落，已经把游神活动改为两年一次，甚至是三年一次。20 世纪 70 年代以后出生的人，虽然不至于完全抛弃传统，但大多数人已经对传统祀神活动进行了较多的简化。在城市，很多传统民俗活动已经消失，甚至连潮汕人最看重的祖宗信仰也已经发生动摇，很多人甚至把祖宗牌位或骨灰盒直接送到寺庙，在寺庙中租买牌位进行供奉。

二、潮汕人敬神传统的形成

潮汕人的敬神传统有着悠久的历史。

（一）原始文化的产物

楚人好祀，潮汕自百越时期开始，就有敬神的传统。王逸《楚辞章句·九歌序》中载："楚人信鬼而好祀，其祀必作歌乐鼓舞，以乐诸神。"这种传统至今仍然存留。

"文革"以前，潮汕还有数量众多的青龙庙，而拜青龙其实就是蛇崇拜，是古越族信仰的历史存留。

（二）移民文化的需要

庄氏祭祖场面

在汕头桑浦山上有一个宋代祖坟，坟中葬着一位庄姓老妪，每年农历二月初八，庄氏后代就会前来祭祖。庄氏家族在海内外飞黄腾达，庄氏后代都认为是这个祖坟立于风水宝地所致。

每年祭祀庄氏的庞大人群都会占据整个山头，其中也有不少外姓人，场面极其壮观。庄氏祭祖有统一化的组织，如车辆会标上"庄氏祭祖专用车"，并编号，有统一的祭祀食品和用具等。庄氏后代会通宵扫墓，并燃放烟花爆竹等。（摄影：张三芸）

潮汕人是一个移民族群，对他们来说，共同的神灵信仰和祖宗崇拜可以让他们获得群体团结生存的力量。一直以来，潮汕人正是依靠强大的宗族力量，在潮汕这个海患之地顽强地生存和发展，大宗族的纽带正是祖宗崇拜和共同信仰。最典型的是丰顺和揭阳的江姓家族，

至今共同祭祖仍是一件跨区域的大事，每当祭祖之日，两地江姓人士汇集，场面浩大。而潮汕庄氏至今仍会在清明日到汕头大学的后山祖坟祭拜他们共同的祖先——庄氏妈，是日，前来扫墓的庄氏后代遍布桑浦山，祭拜的场面极其壮观。

（三）灾难史

潮汕的历史也是一部灾难史，在灾难中历练的潮汕人是一个高度缺乏安全感的族群。

潮汕人的发展史可谓多灾多难。作为世居在这里的少数民族先民，为了依照他们自己的方式去生活，为了争得下海经商的权利，他们进行了数百年的斗争。作为从北方流亡到这里的流民，他们一路历尽艰辛，来到这里后，在三面环山一面靠海的冲积平原上辛勤地劳作。但这里并非乐土，他们必须面对不时来袭的各种天灾人祸。

1. 天灾

潮汕地区在中国南部的太平洋西海岸上，北回归线居中穿过，属亚热带季风气候，这里是台风的主要登陆地区和地震多发地区。不同年份季风强弱不同所引起的干旱，台风登陆所带来的海啸、洪水让这里的人们深刻地感受到大自然强大的破坏力，由此他们对大自然充满了敬畏之心。

明代嘉靖万历年间《潮州府志》所载：

嘉靖三年，“秋八月，大飓，海溢，沿海居民漂没无算。”
七年，“秋，飓风，连月屡作，民大饥。”
八年，“旱，饥。”
九年，“春，旱，大饥。”
二十三年，“春，大旱。”
二十四年，“春，大旱；秋涝，伤禾。”
三十一年，“饥。”
四十三年，“雨雹，地震。”
万历三年，“六月地震，秋七月飓。”
九年秋九月，“飓风暴作，跛海舟。”
十六年冬十一月，“雨雹。”

二十三年秋七月，“大飓，地震。”

四十六年秋八月，“大飓，海啸。”

万历四十六年，飓风、海啸“潮州六县溺者万二千五百人，坏民居三万间。”

嘉靖三十五年，“大埔水灾，漂没十之八九。”

根据黄挺老师在《潮汕史》中的统计，明代发生严重的风灾27次、水灾38次、旱灾21次。

2. 人祸

潮汕先民不仅要面对接踵而至的自然灾害，而且要应对数不清的贼、寇、盗、官、兵之侵扰。

由于潮汕地处祖国边缘，远离国家政治中心，也远离所属的地方行政中心（地域毗邻福建，文化上与福建同源，行政上隶属于广东），与内地的交通、信息交流十分不便。因此，这里一直处于政治边缘，他们对国家政治形势一直缺乏清晰的判断，因此屡遭打击。

宋、明两个末代汉族政权最终都是向南方逃亡，在潮汕地区作最后的抵抗。当北方人已经接受了改朝换代的事实，成为新政权子民的时候，潮汕人还搞不清楚政治方向。因此，当南宋政权撤退进入潮汕时，潮汕人给这个即将灭亡的政权以最后的支持。作为惩罚，掌握了新政权的元朝对潮州城进行了一场浩大的屠杀。屠杀过后，新政权对这个作最后反抗的地方，当然不会留下什么好印象。明代，因为海禁，福建、潮汕地区一直都在跟政府抗争，成为令明政府头痛的多事之地。但当北京沦陷之后，南明政权在当地人民的支持下仍在潮汕地区同清军作战。而当潮汕人仍在抗清的时候，作为明政权的拥护者郑成功却对鸥汀乡进行了疯狂的大屠杀，被杀者达6万之众。另外，为切断郑成功的大陆补给供应，清政府在康熙元年开始对广东和福建进行强制迁海界，近海50里的居民都被迫离开家园。所谓“既迁之后，不许出界耕种，不许复出界外盖屋居住，如有故犯，俱以同贼处斩”（《私出境及违禁下海条》《大清律例》卷二十）。在强硬的政策和暴力之下，潮汕人被迫背井离乡，携儿带女到处流浪，写下了一部部血泪斑斑的流浪史。在迁海的同时，各地海盗趁机进行掠夺，致使百姓死伤无数。潮汕人每次都因地理位置偏僻，“政治细胞”严重缺乏而付出了沉重

的代价。

《南明史》记载了潮汕沿海居民被迁海界之后的惨状：

民被迁者以为不久即归，尚不忍舍离骨肉。至是飘零日久，养生无计。于是父子夫妻相弃，痛哭分携。斗粟一儿，百钱一女……其丁壮者去为兵，老弱者展转沟壑。或合家饮毒，或弩尽投河。有司视如蝼蚁，无安插之恩；亲戚视如泥沙，无周全之谊。于是八郡之民死者又以数十万计。[①]

此外，由于历来地方政府的力量都非常弱小，地方军队作战能力很差，山贼海盗为害甚烈，一直都是贼盗为患之地。

南宋初年以来潮汕寇乱连绵，尽管如前所指出的那样，他们多来自潮外，但从一些寇乱长驱直入，如临无人之境的情形来看，驻军没有起到应有的防御作用则可以肯定。……其一，驻军平素训练少，劳役重。其二，管教不严，军纪松懈。其三，军士处于饥饿状态。[②]

潮汕大地一直是穷乡僻壤，宋代之后，刚刚踏上富庶的大道，然而山贼、海盗四出，到处劫掠。当时的山贼烧杀劫掠常常如入无人之境。如山贼朱聪"以舟师自潮州放广东，焚掠诸县。绍兴初，山贼黎盛攻下潮州外城，焚民居，毁城，去"[③]。宋代的这种情况还不算是特别严重，到了明清，海盗的抢掠更加疯狂。

明嘉靖时，工部左侍郎陈一松在其《为恳天恩赐留保障宪臣以急救生民疏》一文中也反映了这一现状：

潮州地方逖悬岭外，山海盗贼匪茹洊，遭荼毒之惨者，垂十余年。群丑日招月盛，居民十死一生。[④]

在潮汕人的灾难史中，我们选取饶宗颐先生关于饶平柘林的记述[⑤]作为佐证。

---

① 顾诚. 南明史. 北京：中国青年出版社，1997
② 黄挺，陈占山. 潮汕史. 广州：广东人民出版社，2001
③ 李心传. 建炎以来系年要录（卷八十四）. 北京：中华书局，1988
④ （清）陈一松. 玉简山堂集. 冯奉初潮州耆旧集（卷十九）. 香港：潮州会馆印行，1980
⑤ 饶宗颐. 潮州志·大事志. 香港：龙门书店，1965

嘉靖五年（1526 年）柘林民吴大与吴三聚众驾海舟十余艘劫杀惠潮。

嘉靖二十三年（1544 年）李大用船近百艘合攻东路官并柘林，下岱乡民竭力守御。

嘉靖三十三年来八弟亚九肆掠海上，是年六月初六日攻柘林千户夏莲死之。

嘉靖三十四年，柘林海兵谭允传作乱，广东提督吴桂芳平之。

万历元年（1573 年）林凤初遁钱澳求抚，自澎湖九奔东番魍港，为胡守仁所败，是年冬凤犯柘林、靖海、碣石。

万历二十六年（1598 年）闽中盗引倭大艘十余人犯柘林、碣石，惠潮副使任呆容剿之。

隆庆元年李锡为福建副总兵，海寇曾一本至闽，锡出海御之，与大猷遇贼柘林澳，三战皆捷。

陈天资的《东里志》[①] 也有记载：

一在嘉靖四十年（1561 年）春正月元旦，楼陷所城，“恚意焚杀，凡东里累世积贮，悉为贼有。书籍文史，前贤名作，家谱典故，烧毁无存。积尸如山。至二月三日，始移营诏安四都，死者相属于道。次日，抚贼许朝光至，将残民擒杀报功，资械搬载而去。其夏疫病大作，俘遗之民，死又过半。于是晓田一斗种，易米一斗；丁口耗散，十之六七”。

在这种情形之下，潮汕地区的老百姓，一方面需要更大的精神支撑，形成敬神传统。另一方面，不得不靠宗族及宗族联盟的力量来保卫自己的生命财产安全。他们以共同信仰和祖宗崇拜为纽带，通过宗族和宗族联盟的形式组织起来，经历宋元时期，在明代逐渐形成了强大的大宗族聚落。直至今天，潮汕的大聚落仍为全国所罕见。潮汕地区的村寨，人口少则数千，多则上万甚至几万人，而且组织严密，崇尚武艺，形成特别剽悍的民风。

① 陈天资. 东里志（卷二“境事志”）. 2001 年饶平县地方志办公室校订注释本

（四）生活环境赋予潮汕人广阔的想象空间

潮汕地区属亚热带季风气候区域，面向大海，潮汕人靠天吃饭，向海讨生，农业收成受气候影响很大。每逢大旱、大涝、风灾之年，收成就会很差，因此，潮汕人会拜天公、土神和五谷神。由于他们长期与大海为邻，浩瀚无边的大海给了他们神秘莫测的想象力，这些都为神明的确立提供了巨大的空间。虽说潮汕人并不畏惧海洋，但是，海洋强大的力量是令人类敬畏的，对此潮汕人深有体会。1919 年，汕头丰茂轮从泰国返汕，在南澳芹彭触礁沉没，船上的 800 名乘客全部罹难。世界各地的渔民都敬重鬼神，潮汕人也不例外。

潮汕人拥有如水般的流动能力，有着漫长的难民史（包括南迁和被迁海界）。然后，他们又随着潮水，流向内地，流向全世界。俗语说：“在家千日好，出门时时难。”这些长期流动搬迁的人们，艰难地在世界各地寻找一片生存立足之地，随时都面临着危险。为此，需要一种精神力量支撑他们度过最艰难的时期，而这种精神支撑只能寄托于神明。由此，他们把海神妈祖，把本土最灵验的三山国王、大峰祖师迁到了海外，并在台湾地区、东南亚及世界各地建立了庙宇，以获取心灵的慰藉。后来，他们发现这种共同的信仰可以把他们聚集在一起，可以此为纽带形成有组织的社会力量，更好地适应当地的生存环境。于是，潮汕的这种信仰迅速壮大起来，各种以共同信仰为基础的潮人组织广泛建立。新中国成立后到“文革”时期，国内民间信仰破坏严重，但是，这种文化因子因华侨的存在一直保存着，改革开放刚开始时，由于华侨文化的回流，本地民间信仰得到大量的资金和精神资助，乡村的神庙宗教场所很快得以重建，并获得快速发展。

如果不了解这个族群的流动史，就很难理解在潮汕人的信仰中，为什么福德老爷（也就是土地之神）会那么重要。福德老爷除了被单独供拜之外，几乎所有的供奉神明和祖先的地方都必须同时奉拜福德老爷，甚至连佛寺和道观，都必须立福德老爷神位。潮汕的游神赛会很多都会让福德老爷先行。福德老爷是土地之神，潮汕人在流浪的过程中，深刻地体会到入乡随俗，尊重地方风俗，敬重当地神灵，融入当地的重要性。当然，潮汕人性格中的高度适应性也促使他们迅速地去融入当地社会。

这群在海边生活，远离政治中心的潮汕人，当面对那些会吞噬他们生命和财产的自然灾害时，也为了获得生产的丰收和生命的安全，他们能做的就是祈求神灵的保佑；当面对剽悍的山贼、海盗、倭寇时，为了获得心灵的安宁，他们需要神灵的庇护；当他们在茫茫大海上谋生，坐在没有任何现代化机动设备的红头船里在海外漂泊时，面对风云莫测的大海，他们需要祈求神灵的保护；当台风来临，亲人出海捕鱼、远行谋生，家中的亲人所能做的，也只有祈求神灵的保佑……只有理解了潮汕人的这种不安全感，才能理解潮汕人的信仰为何如此泛化，为何如此直观，如此实用；宗教本是形而上的东西，然而到了潮汕人这里却变成了形而下的东西，他们只求高效、务实、灵验。至于神灵的级别、流派等全然没有关系，因为现实的生存是最紧要的，随时获得心灵的慰藉也是最紧要的。

三、潮汕民间信仰的社会功能

潮汕民间信仰之所以能流传久远，因其有现实的社会功能。

在澄海盐鸿镇盐灶村有一种奇特的游神习俗，当地人称“揪老爷”。

盐灶上社游神的时间在正月廿一和廿二。每年的正月廿一午后开始，午后至傍晚期间为“文营”，即由壮丁将神像逐一从庙里请出，按指定路线绕村游走一周，接受村民朝拜。廿一和廿二是“武营”时间，所谓“武营”，即由各甲（潮汕至今仍有古代保甲制度单位，相当于一个生产队）选派身强力壮的男丁来抬轿并保护本甲的神像不被别人“揪”倒。按当地的说法，盐灶老爷揪得越激烈，揪神者会越吉祥。于是来自各地的信众（古时，有来自福建、南澳、饶平的信众，现在多是周边乡镇的人）可以在老祠堂前的空地上争相“揪老爷”以获得神灵保佑。

参加游神的壮丁必须先到老人组登记，穿上由老人组统一派发的短裤，腰上系红绫。参与“武营”的人分为三组：第一组是护神像者，第二组是抬轿者，抬轿者有数十人之多，第三组是保护者，他们将轿和抬轿的人围住，形成一个保护圈。

廿一的“武营”，大约晚上十点开始，外地人一般不参加，以本村人为主，场面不太激烈，类似于热身赛。而廿二的“武营”从午后三点开始，这天却是热闹非凡了。午后一点，老祠堂前的空地上，从各地赶来揪神的人云集于此，他们个个蓄势待发，整个“武营”现场充斥着男性的阳刚之气。抬神者会为此做好充分的准备，他们会在神像四周插满点燃的香，香既有祭祀之用，又是护神者的“武器”。为了更快通过凶猛的人群，各甲的几十个强悍的抬神护神者会以势不可当的速度冲进竞赛区，以图快速突围。而来自四面八方，蓄势待发的揪神者则群起而攻之。揪神者有 15 次机会（即五抬神轿跑三圈），揪神队伍如冲入牛群的狮子，他们会瞅准队伍中的弱者下手。一般情况下单独作战是没办法靠近神轿的，有组织的揪神队伍更有机会揪到老爷，他们中的最强壮者会在同伴的帮助下，踩着同伴的肩膀躲避过护神者香火的攻击，冲开护神者的保护网，扑倒竞争者，登上神轿。大多数人都会在半途中被推倒，能登上神轿的最勇猛者会如英雄般接受众围观者的欢呼，欢呼声如同对英雄的赞美诗，激励着每一位勇士。登上神轿的胜利者一般会在很短的时间内被护神者和竞争者推下神轿，新一轮的角逐即刻开始，小小的神轿此刻成了一个上演英雄赞歌的舞台。各甲的保护者会适时发起一轮又一轮的攻击，力图救走被揪斗的神明。一般来说，能把神轿抬离老爷场的红线区，揪神者就必须按规则停止，瞄准下一抬神轿。直到五抬神轿全部游完三圈，揪神活动才告结束。

揪神活动（摄影：黄勇哲）

潮汕这种民俗的形成并不是偶然的，必须客观地给予评价。在古代，它不仅仅有驱邪安土的心理功能，更有现实的社会治理意义。盐灶曾经是一个古港，人们为了自我保护，抗击凶残的海盗倭寇，聚居到一起形成一个多姓村落，但是其中自然免不了内部的争斗。其实，在潮汕所有带有竞争性的游神赛会中，几乎都有一个共同的特点，那就是宗族之间的合理性竞争、和谐竞争，带有竞赛性质的游神可以给宗族之间一个良性竞争的机会。正如冠山赛大猪，竞争的是宗族姓氏的组织能力和财力，并以此来确立宗族在乡村的义务与权利。盐灶赛神，是宗族之间男丁武力的竞争，这种竞争也是训练宗族强悍生存能力的有效形式。在明清以后海盗倭寇猖獗的南方沿海，如果没有强大的武力，根本没办法在乱世中生存。于是，一年一度的揪神竞赛，既培养了各宗族的尚武精神，提高了生存能力，也显示出各宗族姓氏之间的实力差距。于是，乡村事务的领导权、话语权等方面的获取，就因此有了一个基本的判断标准，利益格局也就可以界定，而不必用乡斗等恶劣的形式来解决宗族之间的纠纷。游神很大程度上是实现宗族之间、房界之间相互理解和相互融合，保证有序竞争的最合理手段。这正如英国著名的诺丁山狂欢节一样，其设立的目的就是要实现种族之间的谅解和融合，最终达到种族和谐相处的目的。

潮汕的乡村游神活动一直以来备受外界批评，被认为是封建迷信活动，浪费时间、钱财等。事实上，清代蓝鼎元所批评的是潮汕游神走向极致的情况，是有应该批评的地方，但潮汕的大部分游神习俗并非如此。一直以来，主流意识形态反对宗教迷信，因为这种躲避现实求助诸神明的唯心主义的方式会使人失去面对现实的勇气，是消极的世界观。然而，这对潮汕人并不适用，潮汕人的求神是非常现实进取的。

关于传统信仰的现实功能，社会民俗学有明确的说法：

仪式行为年复一年的在村落里出现，似乎是一次次地在提醒着村民们：他们是生死与共的，他们不仅同属一个村落组织的领导，同时还同属一个保护神庇佑和监管。①

① 顾希佳. 社会民俗学. 哈尔滨：黑龙江人民出版社，2003

若干年来，由于执政者对此类民俗文化现象的不理解，没有认识到其存在的意义，从而阻挠此类民俗活动，甚至禁止有关活动的开展，农村的自治秩序受到破坏。当宗族力量进行组织的合法性被破坏之后，新的组织领导机构——村委并未能发挥出应有的权威，乡村秩序的维护就难以为继了。正如盐灶的游神活动，当其合法性被否定之后，宗族失去了对活动的支配功能；信众对神灵的态度改变之后，游神的秩序失去了控制，社会黑恶势力才得以插手其中。近些年来，农村黑恶势力的兴起正是管理机构控制力弱化造成的。一方面，宗族存在的合法性被否定，组织能力弱化；另一方面，乡村自治组织又缺乏足够的物质基础和文化依附力，加上没有认识到特定文化背景下乡村的执政规律，难以完全替代宗族的地位，才造成这种困局。

另外，每年澄海区的冠山赛大猪常被指责为浪费行为，但是，很多学者都不赞同此观点，如王文科认为：

> 西班牙有著名的每年一度的西红柿狂欢节，当节日到来之时，人们一天就会投掷毁灭西红柿达100多吨。2008年10月19日，在广东东莞的新华南MALL生活城举办的番茄节上，近万名当地市民和游客用经过软化的15吨新鲜番茄当武器展开“激战”，使整个新华南MALL生活城变成“番茄的海洋”。相比西班牙的番茄节，东莞的规模虽不大，但性质是一样的，难道这些市民不知道这种狂欢的形式是在浪费吗？那他们为什么还要这样做呢？[①]

任何文化娱乐本身都是一种消费行为，地方政府在节日燃放烟花与村民们自己拿钱进行游神活动，其实质都是一样的。然而，如果我们不能认识到这种消费行为本身的意义，那么，就会以浪费为由加以指责。实际上，现在一些开明的地方政府，如汕头市的濠江区，已经开始把这种活动当作民间文化的形式进行引导和宣传。

四、潮汕泛神信仰的影响

潮汕人的泛神信仰培养出潮汕人独特的文化精神，如玄武精神、文化传统性、慈善之心、娱乐精神、重义守信的商业品格以及迷信思想。

---

① 王文科. 潮汕游神民俗的认同与思想解放的拓展. 韩山师范学院学报，2009，30（2）

（一）潮汕人的玄武精神

碣石玄武山

位于汕尾市陆丰县碣石镇的玄武山是佛道合一的宗教场所，是潮汕人的宗教圣地。其中的元山寺建于公元1127年，是国家重点文物保护单位，内有林则徐、刘永福等人的题匾，十分珍贵。寺内供奉有玄天上帝、释迦牟尼、观音和弥勒佛，是潮汕典型的佛道合一寺庙。玄武山是潮汕香火最旺的寺庙。（摄影：张明晖）

汕尾市碣石镇的玄武山上有一千年古刹——元山寺，里面供奉着玄天上帝、释迦牟尼、观音和弥勒佛，那里是潮汕人的信仰中心，地位等同于基督徒心中的耶路撒冷。一直以来，潮汕人在农历正月初三都会长途跋涉到这里朝拜佛祖，求知新一年的吉凶福祸。实在无法亲自去求签的，也要托别人代为求拜。他们必须收拾起春节狂欢的心情，斋戒沐浴，于正月初三下午出发，在初四的子时（初三的夜十一点到初四凌晨一点）前到达玄武山元山寺。在潮汕习俗中，农历的十二月二十四是各路神仙到天庭向玉皇大帝汇报一年工作的时间，在农历正月初四回所在地继续“上班”。因此，十二月二十四“神上天”，要拜祭送行，正月初四“神落天”，也要拜祭迎接。

在正月初四“神落天”的第一时间，玄武山上有如朝圣日的麦加。因为信众实在太多，大多数人无法进入元山寺内，数以万计的人只能跪在寺外的广场上，朝着元山寺大门的方向，远远地跪拜。他们跪在地上，摇动签筒。在黑夜的烛火香光中，摇签的窸窣之声弥漫着整座山，场面极其壮观。由于祭拜的人很多，因此受人所托者常常一跪就是几个小时。然后，他们把求得的签诗带回家，将获得的签诗内容，作为一年全家人行动的指南。

玄武山的签诗把潮汕人的基本诉求分为家宅、岁君（一年运气）、生意、谋望（包括求财求官）、六畜、行人、婚姻、官讼、失物、占病、灶君、六甲（生育）、祖山。然后，通过签诗以神明的方式如圣经一样不断告诫，其签诗的精神对信徒们造成了极大的影响，培育出了潮汕人独特的玄武精神。比如关于生意的签诗，第一签，“春月生意欲失财，夏月财利丝丝来，等到秋冬两季节，壮胆经营利路开”。第十四签，“生意欲做有偏财，购货恐防假不知，货物不可多留久，守旧经营利路开”。第十五签，“春夏财利虽有亏，胆智壮大购货归，收购货物仓中放，秋冬出售利非微”。第十六签，“何必次次费心机，用尽苦力财利稀。口舌欲忍偏财勿，正财守旧能得利”。

很多人都把潮汕人的这种行为归于迷信、愚昧和落后，是潮汕人低素质的表现。其实，玄武山佛祖签诗正如宗教的教义那样，一直被潮汕人奉为神谕，已经融入到潮汕人的集体人格之中。潮汕人通过这种信仰培养了一种独特的民性，我们姑且称之为玄武精神——那就是低调、稳健、进取、乐生、信用的精神。

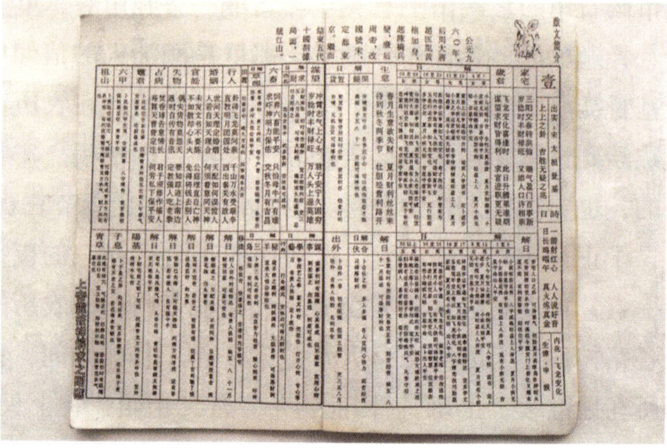

玄武山签诗（摄影：林树莹）

签诗中不断重复着做生意必须有风险意识、和气生财、正规经营、正确面对挫折、有诺有兑……甚至商业炒作的技术性也会被作为神示。

婚姻方面。第一签，“世间天理定婚姻，天配如何语世人，人若自知天理合，何须着意问天神”。第二签，“自观相见好容仪，谁想中间一点非，不是婚姻休作对，不如撒手且由伊”。通过签诗的教诲，一方面教导人们婚姻不是由神定的，自己要作出努力；另一方面劝告人们，对于不可能幸福的婚姻要拿得起，放得下。

在一年的运气中，签诗也不断地告诫青年人要力避口舌之灾，多做事少说话；人的一生有起伏，运气总是时好时坏，好时要抓得住，坏时要隐忍避守。这种告诫正是孔子“讷于言，敏于行”的哲学，是塑造潮汕人坚韧性格的关键。

这些告诫分明透露着一种深刻的人生智慧。

著名经济学家郎咸平对潮商风险管理的技术大加赞扬，其实，这正是潮汕人玄武精神的一部分。在潮汕人的哲学中，他们都知道风险的存在，懂得该退则退，该进则进，如果没有这种风险意识，就没有这种吃苦耐劳的精神。自改革开放以来，全国很多大型民营企业如巨人、三株、秦池、爱多等企业在发展过程中轰然倒下，其原因都是忽视了风险管理。但潮汕商人，没有一个企业因为急功冒进而倒下的，究其原因，正是由于潮汕人这种风险意识的存在，源于玄武山签诗精神中关于风险的智慧，使潮汕人在强烈进取、积极谋生的时候懂得敬畏失败。根据郎咸平的考察，李嘉诚正是通过多元化经营的形式去分散风险的。在这种精神的影响下，潮汕人圆融通透、低调隐忍，极少张扬。

（二）对潮汕文化传统性的强化

潮汕民间信仰的一大功能就是使本土文化与华侨文化实现不断循环回流，潮汕文化传统经久不衰。

潮汕文化传统的古典特性保存特别完好是众所周知的。潮汕的民间信仰通过海内外的移民带到了世界的各个角落，成为联结家乡与海外的精神纽带，成为海外华侨的精神家园，起着凝聚人心和文化启蒙的作用，并进而促成了潮汕族群乐善好施的慈悲情怀。为什么妈祖会成为有国家封号的女神，原因也正因为如此。对此，张映秋教授有一段描述：

> 早年同乡移民的共同信仰的神像，奉祀神像的神庙便是同乡移民的公共活动场所，也是管理乡亲事务的简单机构。当同乡移民数量较少时，神庙可承担其公共事务。
>
> 随着向外移民的大量增加，同乡聚居的特点日益明显，移民聚居在同一区域，从事同一产业的特点越来越明显。于是，业缘和血缘替代了共同宗教信仰。[①]

---

① 张映秋．泰国华人社团模式的演变．潮学研究（3）．汕头：汕头大学出版社，1995

长久以来，潮汕与海外一直保持着血脉相连的联系。一方面，通过共同信仰输出，海外移民获得了来自家乡的文化传统和组织力量，这有助于他们在当地聚居生存发展。华侨对于祖庙的归属感也使他们无法割断与家乡的文化纽带，例如，揭西三山国王祖庙、福建湄洲岛的妈祖祖庙，虽然全世界都建有庙宇，但是，正如伊斯兰教徒之对麦加，他们的信仰归属感仍在故土。另一方面，华侨对于潮汕本地信仰的重建也有积极的反作用。新中国成立后，潮汕的宗教设施被大肆破坏，信仰被禁止。改革开放之初，潮汕本土的寺庙即在华侨的帮助下，迅速重建，在那个物质极其匮乏的年代，没有华侨的帮助是完全不可想象的。潮汕的敬神传统与其他文化传统一起，总是以这样的途径，通过海内外之间的循环，获得了绵长的生命力。

（三）熏育了潮汕人的慈善之心

我们在第二章中讲述了潮汕人的义，其中述及他们的慈善之举，这些善举很大程度上是以善堂为依托的，如拜大峰祖师。也就是说，潮汕人的慈善情怀很大一部分是建立在传统的善报观念上的，对社会、对神明的捐献可以获得神灵的保护，因而他们的慈善行为大多带有报答神恩的宗教捐献的性质。

（四）塑造了潮汕人的娱乐精神

潮籍著名作家雷铎说过：

> 印度哲学教授奥修说，日本是一个“把一切变成庆祝的民族”，在中国，潮人也是“把一切变成庆祝的族群”。[1]

潮汕人是一个特别人性化的族群，一方面，他们积极入世，富有进取精神，开疆拓土，创造了巨大的财富；另一方面，他们重视食色，崇尚享受生活，热衷消费。在潮汕，特别是在城市，人们的消费欲望很强。去过北京的潮汕人都觉得北京的夜晚太冷清，晚上十点，马路上基本没什么人。而那个时候正是汕头夜生活的开始，大街小巷到处是熙熙攘攘的人群，多年来经济的不景气似乎并没有给这个城市的消

① 雷铎．潮州，一座很潮的古城．南方人物周刊，2010（18）

费带来多少影响。他们的娱乐精神是他们敬神精神的延伸，很大程度表现在他们名目繁多的祭神节日之上，每年的游神活动正是他们娱乐精神集中释放的时间。

（五）培养了潮汕人重义守信的商业品格

潮汕人极重承诺的商业品格与他们崇拜的神灵世界有极大的渊源。在潮汕人的神灵世界中，神灵们是鲜活可感的，它们就像一群活生生的人一样需要物欲的满足，比如需要猪头等祭品；需要潮剧、英歌甚至是电影等精神食粮。于是，潮汕人在求取神灵保佑的时候，总会向神灵作出许诺，如果今年能平安，或者谋事有成、生意成功等，将会以某种形式来对神灵表示感谢。潮汕人的这种承诺虽然只有他们自己知道，但一经承诺就一定会不折不扣践行。一诺千金的宗教精神深刻地影响着潮汕人的文化精神。因此，在现实的社会生活中，他们会体现出强烈的报恩观念，在商业领域则特别重视口头承诺的约束力，这是潮汕商人一诺千金的思想根源。

（六）成全了潮汕人的敬神习俗

潮汕游神习俗历史悠久，长盛不衰。农历正月就是游神赛会的日子，由于游神时场面浩大，花费颇多，因此历代多受批评。清雍正年间，历任普宁、潮阳知县的理学家蓝鼎元对于潮汕人的这种习俗就多有描述和讽刺。在他的《潮州风俗考》中描写了当时普宁的风俗：

> 迎神赛会，一年且居其半，梨园婆娑，无日无之，放灯结彩，火树银花，举国喧阗，昼夜无间也。[1]

现在，潮汕人在这方面的花费仍然相当惊人。据我们在澄海农村的调查，最穷的一个镇，农民每户每年在宗教活动上投入的钱少则两千，多则数万，对于人均年收入只有四千多元的潮汕农民来说，这是一个沉重的负担。现在的潮汕农村，寺庙林立，几乎是镇镇有寺，村村有庙。每时每刻，为了生活的某个目的都可以到认为灵验的地方求签、拜神。

---

① （清）蓝鼎元．潮州风俗考．蓝鼎元论潮文集．深圳：海天出版社，1993

五、敬神与乐生的关系

在潮汕人的文化中，敬神就是乐生，敬神是为了乐生，最终的目的是为了人，而不是为了神。

（一）敬神建立在实用主义之上

潮汕人所拜之神，都是基于现实的需要。他们为了感谢对潮汕作出贡献的人而拜韩文公、大峰祖师、周有德、王来任；他们为了具体的生活目的而拜妈祖、土地爷、亥爷、风伯等；为免于干旱而拜孙雨仙（雨仙庙）；为免受没文化之苦而拜仓颉（造字祖庙）、韩愈、孔子；为免于水灾而拜大禹（水仙庙）；为避灾求福，掌握命运而拜玄武山佛祖……他们拜双忠公，并不是因为他们是国家忠臣，而仅因为林大春说该庙很灵验。

风伯庙

潮汕是东南沿海台风登陆的主要区域，自古以来，一直饱受台风以及由台风带来的海啸之苦。大自然巨大的破坏力无数次让潮汕生灵涂炭，在以港为生的樟林，对风神的信仰就显得更为重要实用了。潮汕人的风神信仰与北京城里的风伯庙意义不同，北京城里的风伯庙是帝王祈求风调雨顺的，目的是抽象的。潮汕人拜的风伯庙，是希望不为台风所害，是具体实用的。（摄影：陈晓东）

丹阳伯公

潮汕人把土地神称为“伯公”。在潮汕地区，建筑工程队都会在工地设立伯公神位以求土地之神保佑工程顺利完成。工程完工后，建筑队通常会举行一个谢神仪式，然后把神位搬离工地。

相传建设丹阳庄的某支工程队在工程完工后将伯公神位放置于龙湖沟旁，后有居民前去祭拜，据说还比较灵验，于是祭拜伯公的人日益增多，小木盒里的伯公神位在绿化带上最后扩建成一座颇具规模的伯公庙。可是因为庙里香火太旺，影响了附近居民的生活，政府收到居民投诉后将其拆除。但不久之后，伯公庙又出现在绿化带上。后来，拆除再建，再拆除再建，如此反复了多次。如今，庙中香火依然甚旺。（摄影：郑嘉妮）

亥爷信仰

亥爷是樟林古港北社特有的一个神像，供奉于北社妈祖庙内，是一只泥塑的肥大公猪。相传樟林北社有一对年轻夫妇，婚后因生活所迫，男子被迫漂洋过海到暹罗谋生。二十几年过去了，妻子一直盼不到丈夫归来，生活极其艰难，妻子终于在别人的劝说下决定改嫁。相亲途中，突然冲出一只满身泥垢的猪撞了女子一下，弄脏了女子身上的衣裳，女子只能回家更衣。女子觉得或许是上天有旨意，因此决定苦守远洋在外的丈夫。最终，丈夫发迹还乡，夫妻终得团圆，丈夫听闻公猪拦路一事，自觉是妈祖显灵保佑，为了感激猪的功劳，便在妈祖庙中塑猪像一只，供世人祭拜。

亥爷信仰是侨乡文化的一种体现。漂泊在外的男人与守候在家的妻子需要一种忠诚的信仰，这是维护侨乡社会家庭稳定的一种务实的需求。（摄影：黄勇哲）

潮汕人的求签是一种主动进取型的信仰。

潮汕地区民俗丰富，敬天地、畏鬼神，人际交往规矩繁复，喝一泡工夫茶的烦琐常让外人摸不着头脑。但是这些礼仪一旦进入商界，就成了对商业规范、法制、道德的尊重。在商海里敢打敢拼，在诱惑面前又能克制欲望、恪守规范，这平衡的艺术或许是刘绍喜们既能创业又能守业的重要原因。[①]

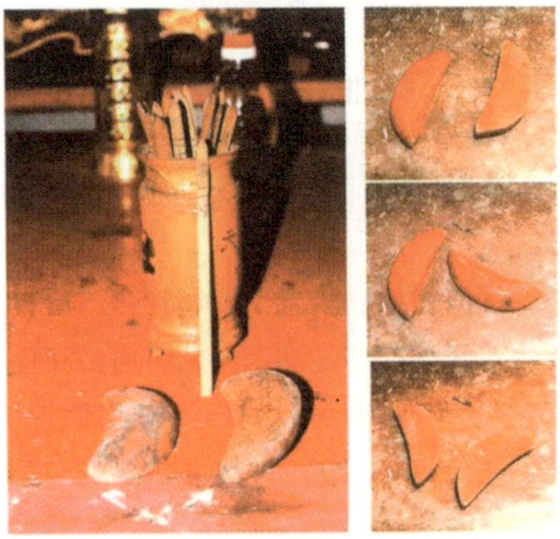

问卜的杯与签

掷杯筊（杯珓）在潮汕地区称为“求杯”，是一种沿袭至今的人与神灵沟通的方式。杯一般由木头或竹头制成月牙形状，一副杯有两片，一面圆滑凸出，另一面平整，一般涂以红色油漆。求杯时，掷出的杯如呈现一凸一平，则为“圣杯”；如呈现两个凸面，则为“笑杯”；如呈现两个平面，则为“阴杯”。杯与签常常要配合使用。（摄影：郑嘉妮）

潮汕人求神问卜的方式有两种：一种是求杯，大多以此向神灵求证比较简单的问题。向神明求示用杯告（一个被劈成两片的弯月形竹头），当向上扔出竹片时，掉下来会形成三种组合：一正一反称为“圣杯”，表示神明同意你的请求；二是两面都是反面，称为“阴杯”，表示神明不同意你的请求；三是两面都是正面，称为“笑杯”，表示神幽默的笑声。另一种是求签。求签问的是比较复杂抽象的问题，比如今年的运气如何，有什么困难等，这些难以用是或否来回答，因此就需要配以签文。签以七律诗的形式写在签诗本上或竹签上，多用历史典故。一般杯与签都是配合起来使用，比如最被潮汕人崇尚的玄武山签诗的获得就是靠杯与签的组合。潮汕人在向神灵求取神示时往往会准备好若干套备选方案，如果第一套方案没有获得支持，他们会不断地调整方案，继续求示，并不会因为神明的否定而放弃。而且，对于某种目的，他们会不断地给神明讲条件，类似于与神明进行谈判。

① 王译曼．敢为天下先的潮州帮．现代企业文化（综合版），2010（3）

求卜时他们可以向神明提出请求，如果被神明否定，他们会再追加物质条件。比如说，如果神明答应我的请求，明年我会给神明加多少祭品的答谢，然后再求神示，如果神示仍然是否定，可以再把祭品加倍，如果一而再，再而三地被否定，他们才会另找他法。所以说，潮汕人与神明之间的对话并不是被动的，他们把现实生活的诉求加在神谕之上，一旦获得神明的同意，他们就获得了所向披靡的精神勇气。

（二）敬神培养了潮汕人的敬畏之心和生活情怀

德国哲学家维特根斯坦曾经说过，对不可知者应持沉默态度。也就是说，人类应该为自己的活动限定边界，如果人类总自以为了不起，以为人的智慧可以征服自然，这必将受到自然的惩罚。懂得到哪里停止，才能懂得从哪里开始。潮汕人对自然界有着强烈的敬畏之心，他们尊崇天地，如拜天公、拜土地之神。潮汕人把天地与父母连称，所谓天地父母，充分说明了他们对天地的尊崇。

花公花妈

花公花妈也称“阿婆”，是保佑儿童健康成长的地方小神，潮汕各地都有敬奉。在潮汕，在儿童15岁“出花园”成人仪式之前，各家各户都要拜花公花妈，以保佑儿童健康成长。花公花妈崇拜是多子观念及男丁崇拜的产物，是潮汕人生育文化的一种体现。（摄影：黄勇哲）

对于潮汕人来说，只有真正懂得人类活动的边界，才能享受生活的乐趣。只有懂得尊重神明、请示神明，在得到神明的允许之后，才

能更好地生活。所以，当潮汕人在正月初三吃了素食，沐浴更衣之后，上玄武山求完灵签，下了山来，通常就开始大鱼大肉地享受生活了。对于潮汕人来说，敬神是现实的，并不追求玄远，他们的信仰方式不求理论，只求务实有效，他们所拜的神明也不求地位，不求正统，只要求灵验。只要灵验，哪怕是要去远在潮汕边缘的玄武山祭拜，他们也不计较，其实，玄武在北方只是一个掌管水神的“中层干部”。在他们所拜的神灵中，很多都是无名小神，比如“阿婆”，即为一个可以保佑小孩子平安的神。对他们来说，求神过节有现实的好处，就是为了生活。

经历过20世纪60年代初大饥荒的老一辈们都清楚记得，民间正是通过不断祭祀和分享祭品，让宗族、亲戚、邻里一起度过物资最缺乏的时期。在自然经济状态下，每家每户养的一头猪、一只鹅，在完成祭祀之后，彼此的分享不仅实现了物资利用的最大化，对祭品的分配也凝聚了宗族邻里的乡村情怀，是一种社会和谐的重要方式。潮汕的很多人文特点，如义利并重、人情至上等，其实都与这种敬畏之心有关。

（三）敬神过程本身就是一场人生盛宴

外出的潮汕人以吃苦耐劳而闻名。他们四处谋生，漂流到世界各地，其吃苦耐劳当然是为了人本身。正是由于祭神活动的存在，潮汕人从前期艰辛的打拼顺理成章地转入了现实的生活享受。一年四季不断的祭神活动，几乎都是需要祭品的，潮汕人把出于敬神而准备的大量食物与其文化艺术联系起来，创造了发达的饮食文化。他们通过建造祠堂、神庙、大宅创造了辉煌的建筑艺术；通过娱神活动提高了传统艺术创作的水平。每年的游神是潮汕各村落的狂欢节，是他们彻底放松、休息、玩乐的日子，是对他们一年的辛勤劳作最好的安慰和宣泄途径，潮汕人的精神世界与物质世界因而获得了平衡，使之成为一个真正懂得享受生活的族群典范。

蓝鼎元在《潮州风俗考》中所说的：

梨园婆娑，无日无之，放灯结彩，火树银花，举国喧阗，昼夜无间也。

乾隆时期的《潮州府志》描述其景是：

> 银花火树，舞榭歌台，鱼龙曼衍之观，蹋鞠秋千之技，靡不毕具……而人乐从，通宵聚观，至晓方散。

从中，我们能感受到当时歌舞升平的狂欢景象，那是潮汕人享乐入世精神的表现。

潮阳谷饶拜大元帅的祭品

潮阳谷饶是著名的内衣专业镇，这里的大坑村是南宋抗元将领文天祥的安息地，这里的小北山麓收埋着南宋阵亡将士的九处坟墓，为纪念他们，周边的村民每年清明节都会进行祭拜。逢十年大祭期，当值的姓氏都会全力以赴，海内外乡村踊跃捐款，场面浩大，花费繁巨。2008 年的大祭花费过亿，剧团、乐队、彩标队伍将谷饶镇变成了欢乐的海洋。祭品更是奢华至极：清一色 15 斤澳洲龙虾、龙蟹、日本干鲍、鱼翅、名烟、名酒……人们敬神的同时也让自己好好地享用了丰盛的祭品。（摄影：张泽斌）

潮汕人在祖宗崇拜中创造了辉煌的建筑水平。“潮汕祠堂最突出的特点，莫过于装饰的豪华，乾嘉以后，则大宗小宗，竞建祠堂，争夸壮丽，不惜资费”。（嘉庆《澄海县志》）这种宗祠文化也使得潮州的金漆木雕、石雕成为全国艺术品的经典之作。

潮汕的嵌瓷

潮汕的嵌瓷至今已有300多年的历史，较为广泛地运用在祠堂、庙宇建筑中，不少民居的建筑装饰都能见到嵌瓷。嵌瓷是将多种颜色的精薄陶瓷片剪取成所需形状，嵌于各种形状的塑胚之上。成形后的工艺作品，不但色彩斑斓、光彩夺目，还能经风雨烈日而不褪色，技艺巧妙独特，是独具风格的潮汕民居装饰。（摄影：郑嘉妮）

潮汕木雕

潮汕木雕以精雕细琢著称，是中国四大民间木雕体系之一，在中国的木雕界中有着举足轻重的影响力，其中镂空雕是最为传神的细致雕刻技艺，而金漆木雕是最负盛名的工艺品。潮汕木雕的题材广泛，花、鸟、鱼、人等都可以在木雕作品中得到体现。木雕应用也极其广泛，大至祠堂建筑装饰，小到家居饰品，可以说，潮汕的建筑就是一个木雕艺术作品的展览馆。这是与潮汕人爱好生活、享受生活的特质分不开的。

图片中的金漆木雕取自普宁郭厝寮许氏五座祠的木雕装饰。木雕在潮汕祠堂中的应用极为广泛。（摄影：蔡海松）

潮汕双面石雕

潮汕石雕久负盛名，早在唐代就很有名气，明清进入鼎盛时期，建于清代的从熙公祠，其石雕可谓潮汕石雕的代表作，潮汕木雕中的镂空等技术被广泛应用到石雕之中。在从熙公祠中“士农工商”屏中牧童拉紧的牛绳，长 10 厘米，直径仅有 4 毫米，镂空雕刻而绳纹清晰，令人叹为观止。

图中这幅作品就是潮汕特色技艺双面镂通雕的创新体现。此双面石雕出自潮汕石雕艺人詹益盛之手，其一面刻有梅花喜鹊，取名《喜上眉梢》，另一面刻有牡丹白头翁，寓意《花开富贵》，双面石雕双面题材，纹理清晰，惟妙惟肖，令人惊叹。2009 年，此作品在广东潮汕工艺美术大师精品展上获金奖。（摄影：黄勇哲）

第二节　重视生命，热爱生活的潮汕人

潮汕地区山海相连，江河纵横，一直以来，这里盛产山珍海味，物产非常丰富。近十年，潮汕的经济发展较慢，在全省属于落后地区，但是，到过潮汕的人都会说，这是一个适合人类生活的地方，这里有温和的气候，美丽的海滨，诱人的美食，悠闲的生活情调。古色古香、安静、悠闲的古城潮州 2009 年还被评为中国十个宜居小城市之一。这些都是热爱生活的潮汕人创造出来的。

潮汕人对生活的热爱与潮汕人的敬神是紧密联系在一起的，潮汕人充满宗教气息的生活，对神圣事物的崇敬、对神秘现象的敬畏、对未知世界的不断想象培育了潮汕人的感性直觉能力和细腻丰富的内在体验。这种不断积淀、传承的近乎天性的禀赋使潮汕文化体现出非常

感性的特征，无论从生产还是生活中均能神乎其技、臻至妙境，使潮汕人的生活充满了审美追求，这些都表现在他们生活的方方面面。

一、潮汕人的饮食

对潮汕人来说，传统的幸福观就是“食穿免烦恼”。吃和穿是他们人生的两项基本诉求。在这两个方面，他们充分表现出类似宗教精神的特征。

潮汕人是一个很懂得饮食的族群，潮汕饮食文化非常发达。2009年，大宁潮府酒家代表广东菜系进驻上海世博会，潮菜成为中国美食的代表之一。现在，无论到全国哪座城市，潮菜都是高档菜的代名词，吃潮菜是高级享受的象征。

潮汕饮食文化来源于潮汕人极其精致细腻的文化和深度享受生活的精神，这种精神与潮汕人的敬神传统分不开。潮汕人有一句俗语叫“艰苦做，快活食”，意思就是要努力工作，也要安闲舒适地吃饭。对潮汕人来说，吃饭从来就不是一件只填饱肚子的事，是需要认真讲究的，潮菜的精致之处，正是基于这种讲究。潮汕饮食文化讲究融入自然物理，穷其规律而运用，这是潮汕人宗教精神的一种体现。潮汕人的敬神体现了他们对于自然万物运行内在规律的敬畏之心，强调人是自然的一部分。潮菜最讲究天人合一，提倡人与自然和谐交融的理念，因而讲究食物生长的节气时令，什么节气时令吃哪种食物，潮汕有大量的经验性俗语，如“正月仔婿，二月韭菜”，“六月鲤鱼，七月和尚”等，潮汕人知道二月份是食用韭菜、六月份是食用鲤鱼的最好季节。讲究动植物的药用价值，什么体质、身体状况的人应该吃什么属性的食物；“竹笋撬老毛”，“食蟛试身份”等，讲究的是胃病者不要吃竹笋，肠胃功能较差的不要吃腌制的生蟹。讲究物与物之间的匹配关系，什么菜配什么肉。在菜系上，充分体现了适应潮汕地理特点的饮食特色。如重视汤水、食疗等特点。

（一）潮汕菜的汤

潮汕人择水而居，充满水性精神。在饮食上，潮汕人对汤的讲究也臻于化境。在潮菜中，“汤水”的好坏，常常是评价菜肴的关键。潮汕菜与粤菜都讲究汤的质量，都有化繁为简，百味归一之妙。但潮汕菜的汤讲究的是清淡，与粤菜讲究老火浓汤不同。更重要的是，潮菜通过汤的形式，把潮汕人食、疗、养合一的观念紧密结合起来。实际上，潮汕人对人参、当归、枸杞、洋参、田七、霍斛、沙参、玉竹、冬虫夏草等中药材的使用大多是依靠汤的炖制来实现的，以此达到取天地之精华为人所用的目的，在此基础上，其养、疗、补的饮食理念才得以实现。

（二）吃粥和“七样羹”习俗

在潮汕人的饮食文化中，最具特色的是潮汕人的食粥、饮茶习俗。宋代的文学家张耒曾写过一篇《粥记》：

张安定每晨起，食粥一大碗。空腹胃虚，谷气便作，所补不细。又极柔腻。与肠腑相得，最为饮食之良。妙齐和尚说，山中僧每将旦一粥，甚系利害。如或不食，则终日觉脏腑燥涸。盖粥能畅胃气，生津液也。大抵养生命，求安乐，亦无深远难知之事，不过正在寝食之间耳。[1]

当年苏轼被贬岭南，潮州名人吴复古是他的好朋友。吴复古一是教苏轼食粥以养生，二是送苏轼极好的茶叶。苏轼夜食粥之后美美地睡了一觉，醒后连称“妙不可言”。[2] 对于潮汕人来说，吃饭也是养生。在潮汕，三江并流的大河下游，水土特别燥热，容易上火，特别是熬夜者更容易上火，因此，潮汕到处可见凉茶铺。但是，潮汕人解决上火的方法主要靠吃粥，所谓靠养不靠医，喝凉茶已经属于医了。于是为了养生，早晨起床要吃粥，夜晚睡觉前还要吃粥。在潮汕地区，特别是在城市，夜深之时，到处仍有吃粥的摊档。初到潮汕的外地人由于不懂其中奥妙，没有养成食粥的习惯，多以面包等面食为早餐，很多人甚至仍然吃油炸、辛辣食物。因此，特别容易上火，一上火就喝凉茶，很多人因此伤了脾胃，久治难愈。潮汕人食粥讲究的是，粥既可调理肠胃，还有去火安神等药疗功能。对于病人、舟车劳顿归家的潮汕游子，吃一碗热腾腾的白粥，配一碟潮汕杂菜，那已经超出吃饭的一般意义了。在潮汕的饮食中，食疗一直都是一个主题，这个主

① （宋）张耒．粥记．张耒集．北京：中华书局，1990

② 黄挺．潮汕文化源流．广州：广东高等教育出版社，1997

题贯穿于整个潮菜文化之中，成为潮菜的一大特色。

潮汕粥至今已经发展成了一大谱系。不仅有清淡可口的白粥，各种山珍海味、水果蔬菜都可以加入粥中，做成风味各异、精彩纷呈的各种粥品，其精妙之处，难以言说。

配白粥的杂菜

潮汕杂菜品种多达上百种，有用蔬菜等原料腌制而成的，也有用鱼、虾、海贝等海鲜烹制而成的，还有肉类、果类等。口味也是酸甜咸辣，应有尽有。如今潮汕杂菜成了送礼的佳品之一，许多华侨回国，都要带上三五罐家乡的杂菜。潮汕杂菜的年产值数以亿计。（摄影：张新民）

潮汕食疗最典型的是“七样羹”。潮汕有句俗话“食七样羹，愈食愈后生”。其意思就是说能让人吃了变得年轻，“七样羹”是用来养生的。按潮汕人的习惯，正月初七是人日，要吃“七样羹”，这种习俗是中原古俗，至少在南北朝时期就已产生。如南朝人宗懔的《荆楚岁时记》中就有记载：“正月初七日为人日，以七种菜为羹。”北方早就把这种习俗丢弃了，潮汕人却至今仍在沿用。这道菜是由七种应时蔬菜，如芥菜、厚合菜、芹菜、蒜、春菜、韭菜、芥蓝等同煮共食，在初七设此习俗，是基于对过年大吃大喝，过分娱乐容易积火而设立的，有明显的食疗意义。不管是食粥习俗，还是“七样羹”习俗，都是潮汕人养生有道的体现，是潮汕人享受生命、爱惜生命的体现。

（三）精致的小吃

潮汕小吃最能体现出潮汕人的精细文化，在“中华名小吃认定会”上，已经有八个潮汕小吃被认定为“中华名小吃”。潮汕小吃中，以牛肉丸、蚝烙、炒糕粿、鼠粬粿、春饼、菜头粿、鸭母稔、落汤钱、猪肠胀糯米等最广为人知，各种粿品、糕类、饼类尤其著名。

卤水鹅肝

卤水是潮汕饮食的一大特色，通常用八角、花椒、桂皮、小茴香、甘草、丁香等药材，再配以水、酒、冰糖、生抽、老抽等加工而成。卤制不同的肉类采用不同材料的卤水。卤水做成之后，鸡、鹅、鸭、大肠、鹅肝等肉类就可以根据需要进行煮制。潮汕各种卤味，包括著名的卤鹅、卤鹅肝、卤猪脚等都是由此而来。潮汕人对生命的热爱很大程度体现在饮食上，他们极其精致的文化在饮食文化上体现得淋漓尽致。（摄影：张新民）

潮汕卤鹅

潮汕卤鹅享誉天下。尤以“苏南”（包括澄海莲上镇和莲下镇）卤狮头鹅最为著名，苏南卤鹅又以莲下镇的“喷咕鹅肉”为最。除品牌外，潮汕卤水鹅肉的价格与鹅的大小有关，一般个头越大，价格越高，超过 20 斤的老公鹅价格更高。

近年来，由于卤鹅翅、卤鹅肠等价格越来越高，甚至高出鹅肉数倍，市场摆卖卤鹅的摊档一般都分卤制部位来卖。（摄影：张新民）

炒糕粿

盛产稻米的潮汕，粿类是潮汕小吃的一大特色，炒糕粿就是其中著名的一种。糕粿的制作非常讲究，表面看四四方方的一块糕粿是由数层米浆逐层蒸熟的。炒前需要调入盐水、咖喱；炒的过程中要讲究火候；炒好后先装盘，再把香菇、虾米、鸡蛋、猪肉等炒好淋在粿块上；装盘以后有的还撒上白糖粉。这样外酥内嫩、鲜香微甜，色泽金黄鲜艳，香味四溢，口感咸、甜、香、辣兼备的糕粿就出锅了。（摄影：张新民）

牛肉丸

潮汕牛肉丸已经有近百年的历史，是潮汕著名的小吃之一，远近闻名。早期的牛肉丸采用手打，即选用新鲜的牛腿肉，去筋切块放于一尺厚的砧板上，健硕的小伙子会双手持特制的方形木槌，不停地上下敲打，将牛肉打成肉浆，并加入味精、鱼露、盐等调料继续敲打，直至肉浆沾手不掉为止，制肉浆的过程极具观赏性，刚柔相济，对比鲜明。成形时，一般手抓肉浆，握拳挤成丸，用汤勺舀出成形肉丸放入温水盆中。煮熟的牛肉丸犹如一个个弹力十足的乒乓球，不仅肉质鲜美，而且嚼劲大、弹性好。做得好的牛肉丸，用力一扔能弹起很高。由于市场需求量越来越大，现在市面上大多采用机器制浆，牛肉丸质量有所下降。（摄影：张新民）

蚝　烙

潮汕人靠海而居，海里的鱼虾、贝类都是他们的食物。蚝的学名为牡蛎，营养丰富并具有调节肠胃、强身健体等药物功能，一直备受潮汕人的喜爱。蚝烙是潮汕人食用生蚝诸多方式中极富特色的一种，是潮汕的著名小吃。

蚝烙一般选用个头较小的牡蛎，加入雪粉、鸡蛋、葱头、胡椒粉和鱼露用猪油煎成。味道鲜美，入口酥香，脆而有弹性。（摄影：张新民）

（四）潮汕的宴席

潮汕的宴席以潮汕人的敬神传统、家族传统为平台，是潮汕人情至上理念的重要体现。传统潮汕宴席的主要舞台是各种红白事俗，潮汕人俗称“食桌”。具体包括寿桌（长者庆祝生日）、花园桌（15岁的成人仪式）、新人桌（婚礼）、仔婿桌（宴请新女婿）、丁桌（庆祝生男丁）、入内桌（庆祝新屋落成）、死人桌（丧礼），等等。这些名目繁多的大型宴席为潮汕美食的系统化、高档化提供了广阔的舞台。潮汕传统名菜清蒸鱼翅、生炊龙虾、上汤焗鲍、红炆海参等很早就出现在文献记载之中。在汕头市的濠江区，甚至有“做桌”的传统比赛，游神赛会的日子，赛会现场的上百张八仙桌上摆满了各种美食，高档

食　桌（摄影：张新民）

菜肴、水果、粿品、点心等应有尽有，品种在千种以上，极尽奢华之能事。正是在这些元素的推动下，潮汕饮食文化朝着精细化、艺术化的方向不断发展，形成今日潮菜精致、养生的风格。

潮汕人崇尚天人合一的饮食文化，体现了潮汕人珍惜生命、享受生活的乐生精神，但是，这种精神并非出自对自然界众生的尊重，也并非完全为了追求人与自然的和谐，而是为了最大限度地满足人口腹之大欲，追求自我与自然节律之间的和谐之道，并未形成人与自然互相尊重的理念。因而，表现在饮食结构上，就形成了无所不吃的恶习。潮汕人喜欢吃蛇、虎、穿山甲等野生动物，因为他们相信蛇属阴，虎属阳。食蛇可滋阴，食虎可壮阳。其他野生动物也因被归入各种药物养生用途而被搬上餐桌。

二、潮汕人的衣着

对于广东三大民系来说，客家人最朴实，食穿都不太讲究；广府人重视食，所谓“食在广州”；潮汕人不只重视食，更重视穿。

潮汕人的穿着文化与侨乡社会有关。侨乡社会一方面带来了享用生活的资财，潮汕本地一直有“番邦钱银唐山福”之说。就是说，那些华侨家庭，外出到南洋努力赚钱的人总是省吃俭用，把钱寄回潮汕，在潮汕的家人因为有了较多的钱和闲暇时间，可以自由地进行消费，从而培养了潮汕人奢华的消费习惯。另一方面，侨乡社会也为他们带来了其他国家和民族的穿戴风格。开放的心态使他们懂得欣赏，敢于吸收，并能加以变化，成为丰富生活的一部分。潮汕人讲究穿戴的传统从未中断，新中国成立后，在国家物资最缺乏的时候，每个家庭只能得到极少的布票，买一点难看的土布，但是在潮汕，由于有华侨的接济，从国外寄回的衣服把潮汕的姑娘们打扮得花枝招展，香港、东南亚的新款服装都会穿在她们的身上。

至今，潮汕仍然是一个财富的输入地，潮汕本土虽然经济发展乏力，但是，旅外的潮汕人会把赚到的钱源源不断地汇入故土，所以，潮汕地区的消费一直非常旺盛。

潮汕人这种注重食穿、讲究外在的习惯也带来了另一种陋习——“无脸输过死”，很多人把面子看得比生命还重要。发展至极致，就是潮汕人称之为“无食假拓齿”的现象。有些人虽然穷得揭不开锅，但为了面子，饿着肚子没饭吃还要拿个牙签剔牙，以表示有肉吃。

三、潮汕家庭的生活气息

由于传统儒家文化的影响和长期的大家族传统，潮汕人极其重视家庭。孔子倡导“天子爱天下，诸侯爱境内，大夫爱官职，士爱其家”，对潮汕人来说，即使身居高位，家庭还是比国家、社会重要得多。潮汕女子是好老婆的代名词，原因就是她们特别能照顾家庭，爱惜丈夫，是公认的最贤惠温柔的女性。潮汕男人的大男子主义常受批评，但是，他们爱家如命的传统也是公认的。对潮汕男人来说，赚钱养家是天经地义的事，不管是在本土还是远出国内海外。务农的家庭里，妇女很少下地，大多只需要照顾孩子、打理家务，下地干活等繁重的体力劳动几乎完全由男性承担，这与客家人完全不同。外出谋生的潮汕人，为了养家，他们漂洋过海辛苦赚钱，赚了钱之后，寄回家里，自己省吃俭用。在侨眷或外出经商的家庭中，妇女是家中拜神祭祖的主力，是家庭伦理道德实践与教育的桶箍，在这种家庭观念之下，潮汕家庭的生活气息非常浓厚，家就是一个精心经营的温馨的窝。从房屋的建造到家庭内部装修、家具、装饰等都十分讲究。潮汕民居自古就有“潮汕厝，皇宫起”的说法（“起”是建的意思，潮汕人将建房子称为“起厝”）。意为潮汕民居的建造像皇宫一样喜欢精雕细刻，喜用雕梁画栋。潮汕建筑的主要样式是“下山虎”和“四点金”，豪华的如“驷马拖车”、“百鸟朝王”，这些古典建筑之中，豪华装饰是基本特征。潮汕的木雕艺术、石雕艺术、嵌瓷工艺、红木装饰家具等，其成就都与潮汕家庭装饰追求奢侈、富丽有关。今天，潮汕的现代化装修也一直引领着国内室内装修的潮流。潮汕地区有一种常受外地人批评的现象是，马路、巷道等公共地方常常很脏很乱，楼房外观也差，但是，开门入室，豪华、整齐、一尘不染的家居让人感受到室内室外强烈的环境反差。

潮汕家庭的温馨与舒适是潮汕妇女辛勤劳动的结果，也是潮汕人对生活的一种追求。以前，潮汕人要娶媳妇，有两个考察的基本标准，一是看对方的女红（手工），二是看女方家的灶头（厨房）。厨房整洁干净是好家风的体现，是以后能否成为一个合格媳妇的依据。至今，潮汕人总是天天洗澡，每天擦洗地板，厨房更是一尘不染。这就是潮

汕人精心营造的家。

四、潮汕的文化艺术与娱乐精神

潮汕的文化艺术与他们的敬神传统有着密切的关系，传统的文化艺术正是在娱神的过程中实现了向娱人演化的结果。

（一）潮汕文化艺术成就之源

2006 年 6 月，在国务院确定公布的第一批“518 项国家级非物质文化遗产”名录中，潮汕有潮州音乐、潮剧、英歌（潮阳英歌、普宁英歌）、潮州铁枝木偶戏、潮绣、潮州木雕、广东剪纸等项目名列其中。[①]

其实，在潮汕传统的艺术形式中，潮剧、英歌、潮州大锣鼓、笛套、木偶、刺绣、剪纸等都是敬神的产物。例如潮剧，早期更多的是作为尖脚戏出现在游神队伍和祭神棚台之中。游神必然会产生赛会，而赛会是宗族、房界竞争的必然产物，上杭冠山、月浦的赛大猪就是一种竞争。在竞争之下，必然有一些乡村人才在赛会中脱颖而出。以汕头的崛起为标志的近现代都市文明出现之后，乡村社戏等文化形式进入城市的戏园，成为都市生活的一部分。以市场为导向的戏园在市场竞争之下，为了吸引更多的观众，就需要更加艺术化的情节和更加精彩的表演技艺，这自然而然地催生出专业的演员和专门的剧本创作队伍，专业化、知识化又极大地促进了传统乡村社戏向现代戏曲的发展。

如今，传统文化在西方文化的冲击下几近式微，但在潮汕，各种传统文化元素能相对保存完整，正是凭借敬神传统得以维系。像澄海的冠山村，正月游神赛大猪期间，各种文艺演出前后甚至长达一个月之久。一种文化艺术的长盛不衰，一定需要持久的市场需求。文化娱乐的高度发达来源于敬神，以及由此而产生的享乐人生的传统，而这些离不开物质条件的保障。潮汕的华侨文化传统，以及潮汕人长于经营、赚钱有方为这种娱乐精神提供了强有力的物质保证。

光绪年间任新宁县知县的李平书所著《宁阳存牍》中说：

---

① 陈韩星．游艺赛会怡乐人心——写在《潮汕游神赛会》刊发之际．汕头日报，2007－06－24

宁邑地本瘠苦，风俗素崇俭朴。自同治初以来，出洋之人多获资回华，营造屋宇，焕然一新；服御饮食，专尚华美；婚嫁之事，尤斗靡夸奢，风气大变。[①]

这是侨乡社会的基本特征。

潮汕发达的文化艺术是潮汕人乐生精神的表现，也是在敬神的基础上产生的。蓝鼎元所说的“梨园婆娑，无日无之”正是潮剧、英歌、木偶戏、潮州音乐等艺术长盛不衰的见证。传统的木雕、石雕艺术能臻于化境，与庙宇祠堂、华侨大宅的建造有直接的关系，正是市场促进了工艺的提升。这都是敬神传统和华侨文化综合作用的产物。

直至今天，当全国各地都在挽救传统戏剧的时候，潮汕地区的潮剧、潮州音乐仍然非常活跃。乡村乐社遍布，夜间，潮乐潮曲的古韵古音仍在大街小巷中弥漫。

西门中兴乐社

潮剧向来有“南国奇葩”的美誉，潮剧的曲目以悲情见多，曲调凄美悠长，委婉而又含蓄，具有很强的艺术感染力。

在潮汕乡村到处可见乡村文化室，这些文化室多为旅外潮汕人捐资或村民自发修建，供村民开展各类文化娱乐活动。潮剧、潮曲作为群众最喜闻乐见的文化形式，是文化室品位高的表现。图为澄海西门中兴乐社的潮剧爱好者在表演。每周的两个固定时间，周边的潮剧爱好者都会来到文化室切磋技艺，自娱自乐。（摄影：黄勇哲）

---

① （清）李平书．宁阳存牍．光绪二十四年（1898年）粤东省城刊本

至今，潮汕地区的农村，每到农历正月，游神赛会总是宣泄着乡村一年辛苦劳作的压抑情绪，人们在各种应接不暇的游神活动中尽情地释放着他们的激情，在正月把整个乡村的情绪渲染到了极致，这是乡民们自己的盛会。这种娱乐精神与敬神传统相辅相成，敬神提供了娱乐的平台，娱乐又促进了游神的开展。潮剧、英歌、皮影戏等一直以来都是社戏的主角，激情澎湃的潮汕英歌本就是为游神、祀神而生。正是因为每年的游神民俗，各村落不断为神明演出潮剧、英歌、木偶戏、纸影戏等，所以潮汕的传统文化才会如此辉煌灿烂，潮汕的国家级非物质文化遗产大多因此而来。潮汕的村落，每年的大型的游神活动，给这些传统的民间艺术以深厚的土壤。

（二）潮汕艺术的成就

生活的艺术化和审美化造就了潮汕人天然的抒情性、形象性，细腻的感受和心理体验，因而，潮汕人在艺术创作上呈现出高度感性的特征。

1. 潮剧的艺术成就

潮汕人在从娱神向娱人的过程中实现了艺术的超越，在艺术的诸多领域取得了很大成就，潮剧表演艺术就是其中之一。

潮剧表演艺术家姚璇秋是“岭南五十文化名人”之一；广东省首届文艺终身成就奖得主——陈学希和张怡凰，他们分别在 2000 年及 2006 年摘得戏剧艺术的最高奖项——中国戏剧梅花奖；范莎侠创作的《东吴郡主》、《葫芦庙》获得中国戏剧奖·曹禺剧本奖，《葫芦庙》还获得中国戏剧节演出“优秀剧目奖”及“优秀编剧奖”。

2. 工艺美术成就

由于潮汕人喜欢建造大宅高屋，宗族祠堂文化高度发达，以及人们对于居家装饰坚持不懈地追求，潮汕人在建筑及装饰艺术领域如木雕、石雕、嵌瓷等方面取得了很高的艺术成就。在一个偏僻的地方区域文化中，传统民间工艺水平如此发达是非常少见的。今天，潮汕的生活艺术依然特别发达。

由于潮汕人的感性特征明显，感觉艺术成就最高，所以在当代最突出的就体现在美术领域。

在2007年，《羊城晚报》评选的“当代岭南文化名人五十家”中，有八位潮籍人士入选，其中，姚璇秋是著名潮剧表演艺术家；许钦松是广东省美术家协会主席、著名画家；唐大禧是广州雕塑院名誉院长、著名雕塑家；陈翘是中国舞蹈家协会副主席、著名舞蹈家；林墉是中国美术家协会副主席、著名画家；杨之光是岭南美术专修学院院长、著名画家；陈小奇是“中国最杰出音乐人”；饶芃子是文艺理论家。此外，获得提名奖的方土是著名画家，广州画院院长。在这些潮籍文化名人中，除饶芃子外，其他人都处在最感性的感觉艺术领域，特别是美术领域。此外，在潮汕本土，同样代表感觉艺术的木雕、石雕、彩瓷等都成就卓著。

3. 潮汕的文学、电影成就

由于潮汕人在感觉艺术方面的天赋，潮汕文学艺术创作以诗歌、散文为主，叙事性的长篇小说成就不大。潮汕人为电影艺术作出了很大的贡献。曾经为中国的电影事业作出过伟大贡献的中国第一位电影导演郑正秋是旅居上海的潮汕人。1913年，他和张石川合作导演的第一部短故事片《难夫难妻》是中国的第一部电影。故事就是以潮州地区的包办婚姻习俗为题材，描写一对素未谋面的少男少女被父母逼成夫妻的故事。另一位中国著名导演蔡楚生正是在汕头看到郑正秋拍外景的情况，毅然放弃店员生活，义无反顾地走向上海，投入中国电影事业。1934年，蔡楚生编导影片《渔光曲》，以其深刻的思想内容和强烈的艺术感染力轰动影坛，创造了当时中国影片票房的最高纪录。影片在1935年2月举行的莫斯科电影节上获得“荣誉奖”，成为中国第一部在国际上获奖的影片，为中国的电影事业作出了很大的贡献。此外，在电影事业上作出很大贡献的还有潮汕籍著名演员陈波儿、陈铿然、郑小秋、郑应时、谭友六、周达明等，可谓人才辈出。

五、潮汕工业的生活化特征

现在，整个潮汕的经济发展水平比较低，但这种低体现在外资和国有资本上。潮汕土生土长的民营企业非常发达。如果我们把潮汕的支柱产业列举出来，就会发现，生活性产业占了很大的一部分。澄海是中国工艺毛衫名镇，潮阳是中国内衣名镇，潮州是中国最大的晚礼服生产基地，潮州庵埠是中国第一食品名镇；与此同时，澄海有“中

国玩具之乡”的称号，潮州有“中国瓷都”的美誉，揭阳被称为“中国玉都”。此外，潮阳的音像、化妆品等都是国内著名的产业，潮汕美食天下闻名，这些产业几乎都来源于潮汕人对衣食玩高度发达的感觉体验，体现了潮汕人对生活的热爱。

感觉来源于生活，对生活的关注培养了潮汕人极其敏感、生动、细腻、丰富的感觉，这些感觉外化成语言的表达交流，从而使语言充满了感性生动的特征。

澄海玩具展览中心

汕头市澄海区号称“中国玩具礼品城”，其玩具出口到全球100多个国家和地区，以奥迪、星辉、骅威等公司为核心的澄海玩具业，近些年来呈现出良好的发展态势。（摄影：黄勇哲）

第五章　人情至上的生活态度

传统的中国社会是一个人情社会。近现代以来，特别是“文化大革命”以后，中国传统的人情社会受到很大冲击。今天，市场经济的高速发展正在彻底改变着传统文化赖以生存的经济基础，西方文化铺天盖地而来，以契约为核心的新文化正在迅速改变中华文化的面貌。同时，世界正经历着新一轮的科技革命，以电脑互联网为标志的新文化因素在全球化浪潮之下席卷世界，中华传统文化正在剧烈变动之中，新文化因素正在深刻影响着社会，民族文化正处在快速现代化的进程之中。在社会领域，人与人之间关系利益化、契约化、陌生化的公民社会特征日趋明显。

潮汕地区的人口密度是全国人口密度的 10 倍，汕头人口密度在潮汕地区中最高，是全国的 17. 9 倍。在巨大的人口压力下，潮汕地区自然资源极其短缺，土地价格居高不下。如何解决高人口密度与资源匮乏并存的问题，如何发挥人口优势是摆在潮汕人面前的一道难题。

但是，在潮汕，不管是在农村，还是在有数百万人口的中心城市——汕头经济特区，虽然也经历着冲击，但社会形态的变化明显缓慢，至今仍然是一个传统的熟人社会。这个熟人社会由无数的血缘、地缘、业缘和学缘等人际关系圈组合、交错，形成一个如蜘蛛网般的关系社会。在这个社会中，每个人都不是一个简单的个体，他们都是社会网的一个结点，是各种圈层结构的一个成员，所谓牵一发而动全身。在这个庞大的网状社会结构中，人情成为社会成员之间交流的最重要的一种手段。谁的人情大，谁就能从社会网中获得更多的资源，成为网络中的一个结，也就能在人多地少、资源极其缺乏的潮汕社会中获得竞争优势。因此，在潮汕这个熟人社会，每一个人都在潜移默化中学会了人情至上的生活态度。在人情至上的文化观下，潮汕的城市，哪怕是像汕头这样建立在工商业经济基础之上的大城市，至今也仍是一个人情关系社会，社会行事规则大多依靠人情，而非契约。

汕头是一个人口达到500万的大城市，如果要想在这里找到某一个人，往往只需要找个熟人，通过自己的熟人就可间接找到。也就是说，几乎每一个人都是直接或间接的熟人。在汕头市澄海区，人口有70万，但是，政府工作人员之间几乎全部是认识的。如果不懂得这一点，就很难了解潮汕社会。一个外地人来到潮汕，如果不懂得融入这个人情社会，那么在这个地方生活工作就会感到很大的压力，在这个大家彼此十分熟悉的城市中产生强烈的异乡感。因此，在潮汕社会，人的行为交际方式与珠江三角洲地区和全国其他城市很不一样。

第一节　潮汕人情社会的形成

潮汕人情社会的形成，很大程度上与潮汕的宗族传统和古典文化有关。

一、潮汕的宗族社会是人情社会的基石

（一）潮汕大宗族传统的形成

宗　祠

在潮汕，最富丽堂皇的古建筑莫过于林立于乡村中的宗祠了。在强大的宗族传统之下，潮汕人历来十分重视宗祠的修建，一般来说，一个姓氏至少有一个宗祠，里面供奉祖先牌位。宗祠是进行祭祀和宗族活动的场所，同时也是展现宗族权势、才能与财力的重要载体。（摄影：蔡海松）

正如我们在潮汕文化的形成中所述及的，从北方迁移到潮汕的居民占本地居民的绝大多数。这些北方移民中，多数有着大家族背景，他们从遥远的北方带来了家族文化。后来，很多移居潮州的官宦和商人也以家族迁移的形式进入潮汕地区，现在我们能从潮汕各大姓氏的族谱中去查获印证。

根据宋代周硕勋《潮州府志》中的不完全资料记载，有18位外地籍潮州官员先后入潮定居。

根据饶宗颐先生《潮州志·民族志》以及黄挺老师所述概括一下，宋时有：

福建晋江人陈坦，在宋哲宗元符年间任海阳令。因多行惠政，任满后被百姓攀留，落籍海阳秋溪。

福建莆田人关徽，曾任广东运使。高宗建炎年间，携家来潮，卜居潮阳隆井都。子孙都举进士。

莆田人黄詹，高宗建炎年间任潮州通判，代理知州事，落籍潮阳。子孙多从仕。

莆田人丘君与，为丘氏迁潮始祖。高宗绍兴年间任梅州知州，落籍饶平。

福州人林绍坚，曾任侍御史银青光禄大夫，高宗绍兴时移居莲塘。

福建建阳李子昌进士，宁宗嘉定年间，偕父同来潮州落籍，子孙世居揭阳梅岗。

福建莆田人魏廷弼，理宗嘉熙年间知潮州事。因家潮阳，后迁澄海，子孙世居蓬洲富砂乡。

福建龙溪人萧询，理宗端平年间任潮阳县令，因卜居南桥，为潮阳萧氏始祖。

福建兴化时进士陈憺，宋光宗绍熙年间任潮州州学教授，宁宗嘉定年间，知潮州事。家潮阳濠浦。

理宗淳祐年间，潮阳令陈汤征徙家潮阳，今柳岗乡陈氏即其后裔。

莆田人邱成满，宋度宗咸淳年间以翰林承旨谪宣政大夫、潮州安置，因占籍于潮州。

这些入潮的官员都带来了大家族传统，强化了潮汕地区聚族而居的传统。

但是，大量的北方移民并不都是家族迁居的，最终促成根深蒂固的大宗族传统的是潮汕自宋以来长期不断的社会动乱。强烈的不安全感，使他们只能以家族的形式组织起来，应对外部的各种威胁。

嘉靖三十七年（1558 年）的《塘湖刘公御倭保障碑》记录塘湖（今名龙湖）建寨情况：

> 海阳隆津都之市镇曰塘湖，平畴百里，烟庐万井，实衍沃奥区。嘉靖丁巳之秋，盗起邻境，凡密迩本镇村落，咸被荼毒。乡大夫小参刘见湖先生乃谋诸乡耆老，建堡立甲，置栅设堠，鼓以勇义，申严约束，相率捍卫，民赖以宁居。戊午首春，倭寇突至，恣行劫掠，祸乱之惨，近古所无。先生乃与乡人约，视产高下，敛九则之金，以为防守之费。相要害之处，重设栅闸；度可乘之隙，高筑战栅。率其丁壮，各分信地，更番防守。以故，倭寇肆掠之警报日至，独于是镇屹不敢犯。是以邻乡之民，以塘湖为晏土，扶老携幼，以就籍其余庇者，且数十百家。

潮州市龙湖村地处韩江的冲积平原，是潮汕社会的一个缩影，自宋代富庶起来后，由于远离政治中心，军事力量薄弱，加上所属潮州府官员比较贪婪腐败，治理不力，这里一直是山贼海盗特别活跃的地方。为了自保，宗族领袖们把宗族的力量组织起来，筹集资金，建堡筑寨，训练族人，进行自保。依靠自己的务实精神与行动获得了良好的回报，他们屡败来犯之敌，使乡民可以安宁地生活，于是，周边的乡民遇到危险都纷纷到这个村来寻求庇护。这给潮汕社会以很强的示范作用，各地纷纷效仿，最终促使了潮汕大村寨传统的形成。

> 塘湖是潮州乡村建寨之较早者，其后本地乡村多仿效之，或一村筑一堡，或数村合一寨。这种做法，使潮州农村形成一批人口高度密集的大聚落。村寨之大者，如和平、鸥汀、庵埠、塘湖、冠陇、南洋、樟林等，聚众多以万数。大型村寨的形成和自立，导致官府对地方控制力的削弱，引起了明末直至清代潮州地方一系列的宗族械斗、会党造反等事件。[①]

---

① 黄挺．明代海禁政策对明代潮州社会的影响．韩山师范学院学报（社会科学版），1996（1）

宗族是乱世中自我保护最可靠的力量，为了自保，宗族必须高度组织化，拥有足够的资源。于是，宗族需要有更多的男丁，需要有组织的场所——宗祠，有更多的公共财力——公田、族田，有严密的宗族组织领导制度——族谱、族长等，这些都在潮汕以后的发展史中不断被完善。

普宁洪阳方氏家庙、祖宗牌位

普宁洪阳方氏家庙是德安里的一部分。德安里为清朝广东水师提督方耀府第，清同治七年（1868 年）开始建造，历时 20 年完工。德安里分为老寨、中寨和新德安里三个部分。老寨为“百鸟朝凤”格局，中寨和新德安里则为“驷马拖车”格局，三寨相连，规模庞大、气势恢弘，是广东省内规模罕见的府第式建筑群组，荟萃了潮汕民间古建筑的精髓。（照片提供：德安里物业管理处，摄影：黄勇哲）

很多较小的宗族为了增强力量以实现自保，往往会采取编扩大宗族或组织多姓宗族联盟的形式。编扩大宗族的方法，就是同姓但不同村的族人之间，找到历史上一个同姓大官作为共同的祖先，然后修族谱把相同姓氏不同村落的人聚集起来，人为地变成了同宗，然后实现同宗之间的支持互助。另一种是不同姓氏之间组成的宗族联盟，即共同村寨。多姓聚居的村寨需要合理的内部权利与义务分担制度和有序的竞争制度。同时，为了在宗族内部或者联盟内部取得领导地位，各姓、房之间也以男丁、族田增长等方式，极力促进本姓人口与经济实力的扩张。这一特点是明之后潮汕人口急剧膨胀的重要原因。

黄挺老师在《明代海禁政策对明代潮州社会的影响》一文中指出：

> 明末海寇之乱，本地居民多聚族武装自卫以御敌。这使潮州农村形成一批人口高度密集的大村寨。如和平、鸥汀、庵埠、塘湖、冠陇、南洋、樟林等寨子，聚众都超过万人。大型村寨的形成和自立，导致宗族势力的强大，潮汕人的宗族观念也因此而强化。[①]

明代之后，大宗族的发展一直是潮汕社会的主导形式，以后甚至发展成为可以与政府对抗的地方力量。

（二）宗族制度的强化

1. 宗族承担了国家的公共职能

潮汕宗族制度的形成，既有北方移民的原因，也有本土生存需要的原因。但是宗族形成之后，特别是16世纪末，其凝聚力一直都在强化，与北方宗族的弱化趋势相反。按照《潮汕史》的观点，其中一个重要原因就是宗族社会救济功能的充分发挥，代替政府而成为实施社会救济的主体。宗族形成之后，为了对付强敌，必须有充裕的物质基

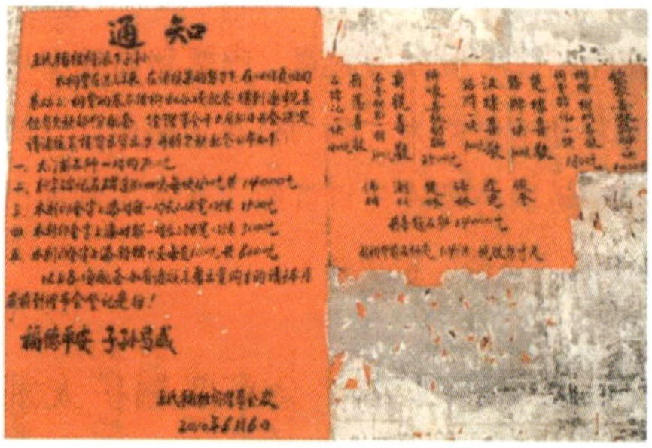

王氏辅祠重建

改革开放后，特别是农村基层实行村民自治之后，潮汕宗族迅速复兴。随着宗族的复兴，重修宗祠成为一种潮流。揭阳旧城区元鼎路王氏辅祠在接受了宗族成员的捐赠之后，正在重新修缮。王氏辅祠的木雕与贝灰雕都是潮汕雕刻艺术的代表作。（摄影：黄勇哲）

---

① 黄挺. 明代海禁政策对明代潮州社会的影响. 韩山师范学院学报（社会科学版），1996（1）

础和高度的组织化。于是，在合法性和合理性的共同作用下，宗族强化的物质基础——族田出现了。汕头达濠区的河浦村，早在明代，500多人的豪山陈氏就有超过千亩的族田；泗水周氏，万历年间，仅祀田就超过千亩；揭阳曲溪吴氏、大埔茶阳饶氏等大宗族都有数量十分庞大的族田。宗族在接受大量的捐赠之后，甚至细化为祀田、学田和义田等。在经济基础得到保障之后，宗族还通过修祠堂、族谱、联姻等形式来扩大自身的影响力。宗族实现了高度组织化，而高度组织化更强化了宗族的动员能力。在潮汕，较大的姓氏至今仍保留有族谱，宗祠众多。

1936年，中山大学曾组织师生到澄海县樟林乡作调查。该乡有陈、林、郑、黄、蓝5个主姓，共15 254人，有祠堂34间，平均478人一间。澄海斗门则185人拥有一间。[1]

由于潮汕的地理特点，灾祸频繁，除了山贼、海盗、倭寇之外，还有频繁的自然灾害，族田这种公共财产的存在使宗族有足够的能力承担社会服务和社会救助功能，宗族也因此而不断加强了公信力和动员能力，人们对宗族的依赖程度增强，宗族制度便不断得以强化。

清代迁海界，潮汕社会的宗族力量随着人口的流散被颠覆，但复界之后，出于现实的需要，宗族势力又逐渐恢复起来。

2. 宗族在新时期仍然具有人文关怀与组织功能

新中国成立后，由于族田被没收，宗族领袖不是远走国外就是作为阶级敌人被镇压，宗族文化作为旧文化被彻底否定。潮汕宗族力量被大大削弱，但是历史悠久的宗族文化因子一直存在。特别是在反右和文化大革命期间，许多潮汕精英在最困难的时候受到了宗族的庇护，他们成为改革开放后宗族复兴的组织者。同时，海外华侨强烈的宗族归属感并没有受到国内政治氛围的影响。当国内政治环境相对宽松时，华侨很快成为宗族复兴的支持者，并为宗族的载体——宗祠的重建提供了物质支持。因此，潮汕地区成为“文革”后全国最先实现宗族重建的地区之一。

① 郭马风. 潮人的祖宗崇拜对象及其风俗. 潮学研究，1997（6）

世铿院

潮汕人的宗族观念极强，修建宗族祠堂是很多人的夙愿。世铿院是惠来旅港实业家林世铿先生所建。林世铿先生至今在国内已经向慈善事业捐赠了 3 252.36 万元。在家乡及国内各地捐建医院 8 所、学院及中小学近 200 所，还有大量的社会公益设施。

世铿院建于林世铿先生的故乡——惠来县葵潭镇玄武社区。该院占地面积 100 亩，建筑面积 1 万平方米，总投资 1.6 亿元。院内气势恢弘，极富传统潮汕建筑特色，院中，7 幅壁画记录着林世铿先生一生奋斗的历程，具有浓厚的生祠色彩。（摄影：张明晖）

十一届三中全会之后，农村的经济活力得以释放，国家政权也全面弱化了在农村的组织和管理等社会功能。但随着计划生育、殡葬改革等国家强制政策的出台，农村缺乏组织的弊端充分暴露出来。于是，经过一段时间的探索，20 世纪 90 年代，国家在全国范围内开始实施村民自治。村民自治是一项自上而下的民主政治制度，政治资源的分配必然会带来利益群体之间的博弈。在没有任何社会组织、经济组织的农村地区，宗族作为农村一种最有效的组织形式，理所当然地受到村民们的偏爱。因此，宗族复兴的社会土壤得到灌溉，潮汕地区的宗族如雨后春笋般蓬勃发展起来。很多废弃的宗祠、失修的族谱都重新修补起来。村民的权利得到了有效的保障，农村获得了可以与政府讨价还价的组织力量，潮汕地区似乎又回到大社会小政府的古老状态，政党执政能力、政府执行力受到严重挑战。现在的潮汕，不管是基层治理、干部人事制度，还是宏观的经济格局，宗族都在其中起着重要作用。如果不理解潮汕的宗族力量，就难以理解今天的潮汕社会；如果不理解潮汕的大社会小政府格局，就难以理解潮汕在当代区域经济竞争中为什么一直处于弱势地位。

二、华侨和商业文化对人情社会的强化

潮汕文化是中华文化中的一个亚文化，其宗族传统是共同的，但是，16 世纪之后宗族传统在中原地区逐渐弱化，而在潮汕地区却始终处于不断强化之中。其外部的推动力量之一就是华侨和商业文化的作用。华侨和旅外潮人出于自身生存的考虑，需要一种力量使他们能在异国他乡生存和发展，从本土带出去的宗族传统当然是最好的选择。

> 海外潮人远离故土，出于经济利益、精神生活和社会存在的原因，非团结不足以图生存，非互助不足以言发展，其凝聚性是举世公认的。这是一种浓重的宗族观念和认同情结的产物。①

这种凝聚性一开始依靠宗族的载体实现，经后来逐渐发展才成为地域、行业载体等方式。

> 由于潮汕地区海外移民的模式主要是乡亲互相牵引，形成移出地和移居地集中的现象。海外潮人到达东南亚之后，人地生疏，必须依靠地缘、血缘的关系，成为华侨组织的成员，抗击当地政权和西方殖民者的剥削压迫，以及应付与当地土著的冲突。这些海外移民社会组织不断变迁，成为海外潮人的纽带，也大大促进了潮汕地区海外移民规模的不断扩大。②

正如我们在前文所述，外出的潮汕人以会馆、商会的形式团结在一起，为自身的生存和发展创造了良好的环境，扩大了潮汕人在外的影响力。不管是宗族、会馆，还是当代国内各大城市的商会，其共同特点都是通过多人聚集，获得集体的力量，然后依靠集体的力量谋求生存，获得竞争的优势。

一直以来，潮汕人基于自身族群丰富的生活经验，形成了聚集以求发展的天性，这种天性已经深入到每一个潮汕人的血脉之中。至今，潮人商会在全国各大城市都有一定的影响力，在深圳、上海、北京等潮商力量较强的商会，其影响力更大，潮汕人组织的最高形式——国

---

① 冷东. 试论东南亚潮人的文化特点. 汕头大学学报（人文科学版），1997（6）
② 冷东. 试论东南亚潮人的文化特点. 汕头大学学报（人文科学版），1997（6）

际潮人联谊会，所到之处更是受到各国政府的高度重视。

澳大利亚潮州会馆（照片来源：汕头市外事侨务局）

在商业传统之下，人脉资源是极其重要的，深谙商业规律的潮汕人都懂得如何利用人的资源去获得商业机会，每一个潮汕商人的成功史背后都有一个关于如何获得人脉资源的故事。于是，表现在日常生活中，就是能够特别积极地去营造人际关系。潮汕人交友一直都有一个原则，为“错交无错放”，即朋友之间交往，即使不符合交往目的，也不会轻易放弃，他们信奉的是朋友越多越好。而要营造一个良好的人际网络，获得更多的人脉资源，就必须特别讲究人情。因此，在外的潮汕人讲究人情更甚，他们对朋友的大方和义气尤为出名。

三、潮汕本土资源争夺的需要

潮汕，从宋代开始成为北方人心中的乐土，这里气候宜人，人口稀少，土壤肥沃，特别适于耕作。但是，由于灾难不断，最终促成大宗族制度的形成。在大宗族制度的作用下，人口，特别是在男丁的生育成为生存的需要之后，这里的人口增长极快。清康熙三十二年，潮汕人口还不足 50 万，但到嘉庆二十年，人口就增加到 230 万之多，这种人口快速繁衍的势头至今仍没有太大的改变。

现在，潮汕户籍人口超过 1 400 万，人口密度每平方公里超过 1 400人，是全国人口密度的 10 倍。普宁是全国第一人口大县，户籍人口 225.67 万，有 55 个万人以上的村级大聚落，最大的村落，桥柱村有 52 143 人。汕头是粤东四市中人口密度最大的市，人口密度达到每平方公里2 474人，相当于全省的4.6倍，全国的17.9倍。由于人口密度特别大，资源争夺非常激烈。早在明清时期，村落之间争夺资源的斗争就一直没有停止过。《清道光实录》记载，“粤东沿海地方械斗顽凶之案，相习成风，莫如潮州为甚”（《清道光实录》卷二五五）；“广东潮州沿海地方，民情犷悍。所属海阳、揭阳、潮阳、普宁等县，每因口角细故，斗殴成隙，互掳逼赎，名曰赎身钱，其不赎者则戕毙之”（《清道光实录》卷二七三）。

对传统农业资源的争夺不仅仅在不同村落之间发生，在乡村内部之中，不同姓氏甚至相同姓氏不同房界之间的争夺也在不断上演。这种对水源、土地等资源争夺的械斗现象一直持续到新中国成立，直至改革开放之后，潮汕大量富余劳动力外出谋生，农村才逐渐得以安宁。不管是宗族之间还是宗族内部，为了联结更多的力量，都需要人情关系加以维系。

时至今日，在城市，人口众多与社会资源稀缺之间的矛盾仍然非常突出，为了在激烈的竞争中获得更多的优质社会资源，每一个人都需要更多的社会关系，社会关系的获得则必须依靠人情。

第二节 人情至上的表现与影响

人群的聚集和组织化一方面大大提升了对外竞争的力量，另一方面也大大增加了内部组织成本。人群的聚集，包括家族、大家庭成员之间关系的协调，各种同乡组织间内部的协调，从来都不是一件容易的事，需要用各种礼俗来约束协调彼此之间的关系，体现在形式上，就是潮汕地区极其烦琐的人情风俗。在潮汕，吃饭的礼俗，婚嫁、丧葬等礼俗都极其烦琐。即使在城市，在城市文明的熏陶之下，人与人之间仍然需要极多的礼节来往，因此，潮汕地区宴请、喝茶聊天之风极盛。

潮汕有句俗语叫“人情紧如生债”。将人情与债务等同，意味着在潮汕，浩繁的人情关系是实物化的有借有还的关系。在社会生活中，人们对未来生活的预期，对社会关系资源的储备都需要付诸日常人情关系的组织经营。潮汕人强调谋生先“识人”，非“识人”无以谋生。

所谓“识人”不是分辨人的问题，而是如何做一个能被他人所接纳的人的问题。在人情至上的社会中行事，能被他人接纳到一张张社会网络中去，既成为他人的社会资源，同时也能使他人成为自己的社会资源，这是个体成功的基础条件。要达到这一目标，就必须学会“识人”，要“识人”就要学会“识性”，能揣摩对方的习性、爱好、欲望、弱点，均是“识人”的基本功。

一、浩繁的礼俗

潮汕社会，特别是农村，至今还保留着各种各样的古俗，在婚嫁、生子、丧葬、入宅等重要日子会宴请亲朋好友，礼俗浩繁。

（一）潮汕人的红白事俗

潮汕人把喜庆之事称为“红事”，包括结婚、生男、生日、入宅等，把丧葬称为“白事”，凡红、白事都有宴请送礼之俗。

洪阳镇宴客例俗[①]：

普宁县古镇洪阳，历史悠久，文明礼仪，古风承传，宴客请友，也有一套既文明，又彬彬有礼，又较拘谨的例俗。

桌位 厅堂宴客设席，面向大门，以里面左边座位为首位（即东一位），右边座位为第二位，首位对面的座位为第三位，与第三位并坐的是第四位，桌的左面上位是第五位，对面是第六位，左面下位是第七位，右面下位是第八位。若是厅堂上置多桌，左大右小，上大下小，位置排序以此类推。凡宴客设三席者，桌位摆设切不可摆成正品字形，宜用倒品字形摆设。县长以上的长官宴客，才可用正品字形摆设。另者，凡置六席宴客，切不可成双成排，传说是不吉祥之兆。

宴饮 宴饮过程，需由首位者指挥，由第八座者（一般是代表主人家）执瓶筛酒，筛酒姿势是右手执柄（耳），左手按瓶盖，瓶口面客，瓶耳朝自己，以座位排列为序独个筛酒添酒。服务人员端上菜来，也由这个人接手端放桌上。每道菜上来时都要移放于首位前面，原来在桌面上的各道菜要按顺序推移。桌面上一般要保持八道菜肴，厨师

---

① 网易博客．我是潮汕人．http：//blog.163.com/hanmo_ chaoyun/profile/

煮菜上菜的顺序一般为“头甜尾甜”。在端上“生蒸鱼”的时候，执瓶人要注意斜放，以前腹向首席，鱼头鱼尾不宜朝客，一般是朝两个斜角。大凡上菜，最后都是一盘青菜收尾，青菜一上席，意会菜肴上齐。

酒过三巡 三次添酒后，叫酒过三巡。一般来说，酒过三巡，由首位宣布，饮酒添酒可量力而行，如果坐首位者觉得该尊贤敬贤、尊老敬老，可在这时谦让换位。

槟榔盘 菜肴上桌大约2/3后，厨师为显示自己手艺，望主人客人赏光，这时奉上一个槟榔盘（或加放其他水果），上面放上一张书有“指日高升”等红纸金字的祝福字样，食客们吃过槟榔或其他水果后，都要给厨师“打赏”。由首位带头，其他人的赏钱数量不得超过首位，否则被认为是侮辱首位。

此外，为表示对主人的尊重和显示菜肴的丰盛，用菜过程一般要留下生蒸鱼、粿肉等四道菜不动不吃。

至今，即使是在城市，潮汕的婚宴场面仍然盛大。碰到一年中难得的吉日，各大宾馆、酒楼、宴会厅总是门庭若市，有时甚至以百桌计。当然，被宴请之宾客，则需要送上红包以示祝贺，而被送一方不可全部收下，一定要象征性地回送一个小红包，叫回礼，所谓情来礼往。在澄海、潮阳、普宁等县城，这种风气最盛。有一定社会地位的人，由于处在人情社会的网络中心，每年光应酬族亲、战友、同学、同事、好友等社交圈子里的各种婚庆事宜就要花费大量的时间与金钱。

而送葬之俗，历来都让人不堪其烦。乾隆《潮州府志》载[1]：

有吊唁者，必盛筵款饮，谓之食炊饭。送葬辄至数百人。澄海尤甚，葬所鼓乐优觞，通宵聚乐，谓之闹夜，至旦复设酒肴。丧家力不给，则亲朋代设。凡遇父母丧，无不罄囊鬻产，仿效成风。

现在的农村，这种风气仍在延续，丧礼场面之浩大超乎想象，特别是在潮阳、普宁等地的富裕人家，一场丧礼花费甚至达百万之巨，而参加丧礼照例要送礼，称为“纸礼”。在城市，就算是遗体告别仪

① （清）周硕勋．乾隆《潮州府志》（卷十二“风俗”）．乾隆四十年刊本

式，也要送纸礼。当然，被送一方同样需要回礼，回礼一般是毛巾、红线和糖等。潮汕地区的浩繁礼节一方面造成了巨大的浪费，另一方面也给人们带来沉重的经济负担和社交压力。但是，在这样的文化系统中，如果缺少这些关系，妄顾这些关系，则会在工作生活中失去人情关系的扶持，在工作生活中就会处处受制。

（二）潮汕日常的人情关系

1. 汕头的恩格尔系数

由于潮汕是人情社会，因此，即使是在汕头这样的大城市，一个人的能力，很大程度上也取决于他的人际关系水平。如果一个人在社会上有着很强的人际关系，他就可以办成很多事，他就拥有了成为社会强者的能力。如果一个人人际关系很差，哪怕他已经拥有了一定的经济社会地位，也很难获得好的社会评价，难以可持续发展。因此，潮汕人需要花费很多精力去经营自己的人际关系。因此，一直以来，潮汕社会的恩格尔系数总是特别高。恩格尔系数是居民用于食品消费的支出占其全部支出的比重，按照联合国粮农组织的标准：恩格尔系数大于60%为绝对贫困，在50%～59%之间为勉强度日（即温饱阶段），40%～49%之间为小康，30%～39%之间为宽裕，20%～29%之间为富裕，20%以下为极富裕。以汕头中心城区为例，2005年，汕头中心城区居民消费支出恩格尔系数为44.86%，全国平均水平为36.70%，在全国排名第98位。至2008年汕头居民消费支出恩格尔系数为50.65%，按国际标准，已经降到勉强度日的水平。但是，汕头人并不认为自己的生活水平是在勉强度日，反而其近年来的消费热情一直高涨。2007年，社会消费品零售总额全省排名第5位，2008年，在中国高消费城市排行中列第17位，2009年，其汽车消费的增长率更达到99%，远远高于广东省平均增长的55.6%和全国平均增长的32.3%。但是，这个标准不能说明汕头的问题，一是未能统计出收入的旅外文化因素，即汕头与整个潮汕社会一样，是一个侨乡社会，每年有很多的外来收入用于本地消费；二是汕头的食品支出大部分用于酒楼和茶楼的消费。对汕头人来说，酒楼、茶楼是经营人际关系的重要场所，饮酒、喝茶是经营人际关系的一种手段，是人情社会里必不可少的一部分，而不是为了解决温饱问题，是一种更高层次的消费。

这也是为什么近年来，潮汕经济发展乏力，而酒楼、茶楼生意却一直十分火爆的原因。

2. 潮汕的人情与红包

潮汕的人情渗透在生活的各个方面。在农村，做忌（拜祭祖上死难之日）的祭日，一定要把祭品分给亲戚邻居。在物质特别紧张的年代，村里杀一头猪，宗族内部，甚至是同村的村民都可以分到肉。在宗族人情的氛围中，每个人都必须在社会关系的制约下，克制住自己的欲望，与族人、乡人同舟共济。潮汕人正是在这种其乐融融的乡村关系中，同舟共济地渡过了历史上的各个困难时期。逢年过节，不管是到哪家串门，一定要带上礼物，至少应该有两个橘子，取意为大吉。去医院探望生病的亲戚朋友，被探望者也一定要送一颗糖。

朋友之间、亲戚之间，有事没事都要串串门，送点情礼，比如两只螃蟹、一斤茶叶之类的。出门旅行，买些当地的土特产，回家送送亲友这些都是必不可少的事。所以，潮汕人外出旅游总是大包小包买回家。当然，收礼者为了不失礼节，也得回访回礼。在这种努力之下，潮汕人朋友之间、亲戚之间、邻里之间的关系都比较融洽。在我们做的500份问卷调查中，95%以上的村民对邻里关系的评价是“良好”。

潮汕地区的红包与广府地区的红包性质不同，广府地区的红包一般都是象征性的，通常只有几块钱，只是一个彩头，一般没有经济价值。潮汕人送红包讲究实质，因此，不管是给小孩子“压岁”的红包，还是送礼的红包，数额都不会太少，这就是潮汕人俗语“礼多人不怪”，其意思就是说任何人都不会怪罪送礼多的人。

二、人情社会带来的影响

（一）宗族社会的影响

潮汕的人情关系建立在宗族基础之上，其他的人情关系则是宗族关系的延伸，因此，潮汕人在对外称呼上习惯用家族名称，以拉近彼此之间的距离。在潮汕体制内外的各种单位中，没有职务的人之间一般都以某兄、某姐、某姨、某叔称呼，外地人往往对此不解，其实这是以宗族内部称呼的形式拉近彼此距离的一种方式。在澄海、潮州等传统文化浓厚的地方，很多位高权重的领导也喜欢别人以某兄、某叔

称呼，其实他们并没有血缘关系，这种现象是宗族观念泛化的表现。

1. 尊老爱幼的传统

在传统儒家文化中，孝是基本理念，其重要性甚至被提升到治国的高度，所谓“以孝治国”，“老吾老以及人之老，幼吾幼以及人之幼”都被尊为正统。近代以来，随着文化观念的改变，在全国很多地方，这种观念已有所弱化。但是，在潮汕这个文化变迁非常缓慢的地方，这些古老的观念仍然强大。在潮汕，很难发现公交车上不给老人让座的现象。因为，在潮汕，除了个人内心的认同之外，不尊老要承担很大的社会道德压力。

老人组

在以宗族和血亲为纽带的潮汕地区，老人组是村级政权中极其重要的民间组织。（摄影：陈晓东）

这种尊老爱幼的观念是建设和谐社会的最为可贵的社会文化根基，是中华民族的优良品质。但是，乡村老人势力也同样考验着党和国家在农村的执政基础。在潮汕农村，不少村居的老人组对村务起着实际的控制作用。很多村委员、党支部开展事务都必须取得老人组的支持。在一些基层党组织力量比较薄弱的地方，村两委甚至必须向老人组请示之后才能开展工作。对待潮汕老人组的问题，我们认为，关键在于因势利导，而不是一概否定。老人组的存在，实质上是潮汕宗族社会的一种表现形式，只要宗族力量存在，老人组的力量就会一直存在。老人代表的是乡村道德力量的化身，既有道德约束力的一面，也有保守内敛的一面。如果运用得当，是制衡村两委、构建和谐农村的重要组织力量。凡是农村基层党组织建设得好的地方，老人组都能起到好的作用。如澄海广益街道龙田村、普宁市流沙镇新坛村，老人组实际上已成为村委会的财务、村务监督机构，与村两委和村民代表大会形成了三权制衡的格局。因此，在当代形态下，正视老人组，用好老人组的力量是乡村治理的一条重要思路。

2. 重男轻女和多子观念

潮汕的多子观念是根深蒂固的，这点有其深刻的历史渊源和现实考量。

从历史的角度看，男丁是宗族、家庭永葆骨干力量的保证。由于传统潮汕的高度组织性，男丁既是外出谋生的主力，也是武装保护宗族的基本力量，因此，潮汕人对男丁的生育一直以来都有一种极为强烈的愿望。其实，直至今日，在传统的乡土社会，生育男丁仍具有社会保障、获取宗族地位等方面的意义。

潮汕妇女在全国以贤惠著称，但这种贤惠实质上是潮汕妇女传统性的表现，是传统文化中男尊女卑观念的一种延续。时至今日，在潮汕大部分农村，“生女不若子”的观念仍根深蒂固。潮汕至今仍有不少宗族，妇女没有写进族谱的权利，在宗族活动中地位仍然很低。在潮汕农村，一直到20世纪六七十年代，妇女和儿童仍不能和成年男子一起在饭桌上吃饭，现在在一些偏僻的农村，这种现象仍然存在。

在这种重男轻女意识之下，人口管理的压力大增。

一是潮汕计划生育政策的执行十分困难。在潮汕，特别是在农村，对很多家庭来说，没有男丁是一件大不孝的事，因为宗祠、族谱的修订将至此中止。因此，很多农村的青年男女虽有自觉进行计划生育的意愿，往往也抵挡不住家长的压力。在民间强大的生育压力下，政府有限的行政权力和微弱的执行力完全不足以抵挡民众超生的热情。况且，在人性化执法的大旗下，地方政府已经不能对计划生育对象采取强制措施，而一般的说服工作在严重违背民众意愿的情况下难以执行，因此，潮汕各地，被广东省计生部门亮黄牌的现象屡见不鲜。

二是人口的过度增长与地方经济发展的矛盾日益严重。汕头至今人均GDP只达广东省平均水平的一半，但如果不包括人口最多的潮阳、潮南，则已经达到广东省的平均水平。以2008年为例，汕头经济总量为997亿元，人均19 384元。如果除去潮阳、潮南近277万人口

创造的280亿的生产总值，汕头市人均GDP将达到广东省的平均水平。

三是学生入学和受教育存在巨大压力。在潮汕一些区县，虽然很多学校都是由外出商人捐建，但由于地方政府财力不足，学校建设与教师队伍的数量不能满足现实的需要，大班额问题长期得不到解决。在义务教育收费时期，很多家庭因为多子，没办法交学费，大量儿童失学，形成数量庞大的新生文盲、半文盲。近几年，潮汕的初中、高中升学率在广东省都排名倒数。大量低文化素质人口滞留本地，严重阻碍了地方经济的发展。

从现实考量，在人情至上的潮汕社会，一个大家庭、大家族的家庭成员就意味着有更可靠、更多的社会网络，意味着在人口特别稠密、资源争夺剧烈的潮汕本土能够获得更大的竞争优势。另外，在现行社会保障政策之下，依靠国家养老确实很难维持农村的老年人社会保障问题。潮汕的农民并没有太多的国家观念，依靠朴素简单的考量，自然很容易就得出“养儿防老”的结论了。

3. 重家轻国

在儒家传统文化理念中，国是家的扩展，重家轻国思想十分突出。潮汕人对于家庭的重视远远超过对国家的重视。潮汕人有着极强的家庭观念，个人为了家庭、家族的兴旺发展会无怨无悔地付出。同时，家庭、家族的振兴能福荫到每一个家庭或家族的成员。潮汕是公认的全国离婚率最低的地区之一，原因就在于潮汕人认为，结婚是“结两姓之好”，家庭、家族的人情关系因此而扩张；而离婚则是“结两姓之怨”，家庭、家族则因此而结怨，会严重损害至关重要的人情关系。因此，为了家族的利益、为了人情关系，很多没有感情的婚姻也会维持下去。但潮汕人对于国家观念则要淡薄得多。如汕头骗税大案，2000年、2001年中央工作组连续进驻汕头调查此案，对汕头的退税政策进行了持续8年的特殊管制，使得大量外贸企业难以正常经营，纷纷迁往珠江三角洲地区，潮汕经济由此受到沉重的打击。原因就是潮汕人国家意识较为淡薄，偷税、漏税而没有道德压力。

4. 法治之困

在人情至上的潮汕社会，法制化进程十分缓慢。由于庞大复杂的关系网络的存在，一方面是当事人最后常常会由于熟人的调解而息讼；另一方面，法官在断案时也会受到极大的人情阻力。因此，民众普遍不愿打官司，传统文化的息讼观念非常强大，很多纠纷，甚至刑事案件都会以民间调解的形式消于无形。因此，潮汕四市的法院，在广东全省中一直都是案件量很少的地方，在民告官案件方面更少，潮州市还因为若干年没有民告官案件被广东省高院批评过。法治社会的推进必须依赖民间的参与，只有多数人都愿意通过法律手段解决纠纷，法治传统才能得以立足。潮汕社会迫切需要法治传统，但是，法治传统在人情社会之下，举步维艰。

（二）人情社会带来的影响

1. 执政能力低下

在潮汕，政府的执行力一直都比较差（近几年揭阳例外），这与熟人社会造成的文化环境密不可分。法治社会的前提假设是公民社会，但是在潮汕这个熟人社会中，由于人与人之间存在着浓厚的人情关系，因此，政策的执行、政府工作人员的执法都会受到人情关系的阻挠。交通警察对违反交通规则的机动车进行处罚时常常会接到上级领导的“人情电话”，何况，执法人员本身也无法置身于人情之外。在潮汕，任何一个个体都是关系网中的一员，牵一发而动全身，因此，哪怕是一个微不足道的城市小贩，其背后也有宗族为基础的各种社会关系，处罚一个小贩也可能会得罪一个官职不小的领导。因此，在潮汕各地，执法环境普遍较差，不管是公检法系统还是城市管理机构都存在执法难的问题。因此，潮汕地区的政府管理，如计划生育、城市管理等都存在执行不力的问题，也因此常常受到中央和省政府的批评。当然，也由于这种原因，当全国其他地区出现坑农害农事件时，潮汕地区却从未出现过。因为，每一个农民的背后都有一股强大的宗族力量在支撑，因为这股宗族力量的存在，潮汕各级政府的征地、拆迁等强制行为都比较低调，稍有不公，就会有数量众多的村民有组织地到政府上访。也正因如此，潮汕地区的政府都比较弱势，难以腾出大规模的土地项目去引进国有资本和外资，在本地成长起来的只是用地很少的小型民营企业，因此，经济规模都比较小。

2. 排外心理

（1）人情社会的行事规则。

在潮汕地区工作过的外地人大多认为潮汕人比较排外，但如果问潮汕人他们是否排斥外地人，回答则大部分是否定的，因为他们没有排外的动机。对他们来说，实用性是第一位的，排外并不能给他们带来实实在在的好处。为什么潮汕人会让人感觉排外呢？其中一个重要的原因就是潮汕是一个人情至上的地方。在人情社会之下，政府办事原则非常容易被人情关系所左右，很难按国家政策办事。因此，在人情之下形成的关系网是办成事的关键因素。而作为外地人，不管是居住还是投资创业，都需要跟政府打交道，他们来到这个地方当然不可能马上进入熟人社会，他们是处在关系网之外的，因此，他们如果想按规则办事就会碰到很大的困难。这时候，排外的特点就体现出来了，外地人被排斥的心理感受也产生了。正如董璐、崔芳芳在《人情社会浅析》[1] 一文中所说：

> 关系网将人划分为网内的人和网外的人，关系网内的人有着共同的利益目标，个人利益之间互相牵连，构成了一个利益集团，而网外的人却没有共同的利益关系。于是，这种关系网的存在，必然导致差别待遇，即对网内的人大开便利之门，照顾有加，在利益面前互利互助。对于关系网外的人，则享受不到关系网内的人的特殊待遇，只会“秉公办事，不徇私情”。

应该说，这是潮汕地区政风不振，屡经整顿而效果不明显的一个原因，是熟人社会与当代市场经济运行规律不相适应的表现。

陈景熙博士关于潮汕人排外的文化有一段叙述[2]：

> 潮州人群体性的“我群”、“他群”观念，“集体的责任”原则和二重标准的原始道德。一方面体现出高度的凝聚力，英籍潮海关税务司辛盛在《1882—1891 年潮海关十年报告》中对汕头人的凝聚力叹为观止：“全国公认，汕头人的非凡的联合本领和维护其一旦获得的地

---

① 董璐，崔芳芳．人情社会浅析．法制与经济，2010（4）

② 陈景熙．“林监丞破潮州风水”传说与“排他”集体无意识．潮学研究（6）．汕头：汕头大学出版社，1997

位所表现的顽强固执精神，使他们的国内同胞们望尘莫及。”他说“不仅商人为了贸易的目的联合起来，而且劳动阶层，不管属于何种行业，无论是为了获得增加工资或是为了排除一切外来者也常用最微小的借口团结一块”。即“以自己群为中心，只爱我群而排斥他群”的种族中心主义。他们的乡土自豪感“前世有修，正出世在潮州”，对于不同的人则抱不同的态度：“担话唔平样，赚钱相共分都勿。”主要是以实际利益为分类标准，外延具有弹性的概念。“潮汕无好兄弟山”，这种所谓的种族中心主义，其实质就是排他的集体无意识。

外地人进入潮汕社会之后，能否取得成功很大程度上决定于个人的心理感受。一旦进入潮汕，就要开始面对与本地人的竞争。对于有高学历的外来人才来说，普遍对前景有较高的心理期望值，然而却常常会在竞争中落败。其中一个很重要的原因即处于潮汕地区的熟人社会，即每一个看起来似乎竞争力不强的人，共背后都有群体的力量在起作用。如果一个外地人没有融入到当地的熟人社会，竞争力自然会降低，其感受到的排斥力自然也很大。另一个原因是，潮汕是一个熟人社会，人情礼节繁多，而外地人到潮汕之后，很难做到这一点，也没有认识到它的重要性，因此，这常让本地人感到人情味不足，良好的人情关系也就难以建立了。

（2）潮汕方言的影响。

潮汕方言属闽南语系，有八个音调，只有后鼻音，没有前鼻音和卷舌音，与普通话的差异很大，外地人要学会潮汕方言并不容易。另一方面，潮汕方言的表达形式非常感性，特别形象、生动，从追求表达效果的角度而言，用潮汕话表达是最恰当的。再者，潮汕方言的表达习惯中有大量的潮汕典故充斥其中，这使潮汕人特别偏爱使用潮汕方言进行表达，也使不熟悉潮汕文化的外地人很难学会潮汕方言。此外，由于海洋性文化的影响，很多事物，特别是物种，难以用普通话进行表述。因此，即使有外地人在场，潮汕人也偏爱用潮汕方言进行交流，这让来汕的外地人感觉很难融入。即使是外出的潮汕人，因方言聚在一起大聊潮汕话时，也让外地人感觉不习惯，感觉难以融入这个圈子。其实，要让习惯用潮汕方言进行思维的潮汕人一边思考一边翻译成普通话是非常困难的。

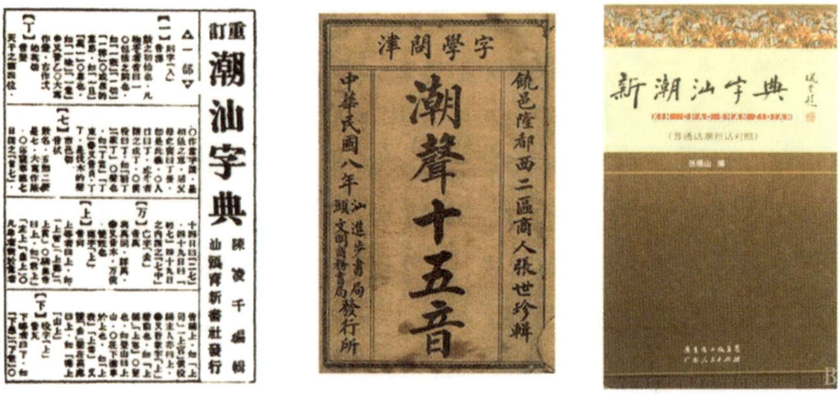

潮州音字典

（3）地方文化的共性。

其实排外是一个共同话题，是地方文化的共性，特别是地方文化形态越独特，文化发展程度越高，给人排外的感觉就越明显。上海大学的顾俊教授在谈到上海人的“排外”时，提出外地人融入上海的方法是“事业成功”、“行为得体”、“格调到位”。这一点值得在潮汕工作的外地人借鉴。进入潮汕的人要消除异乡的感觉，首先得学习语言，入乡随俗，入港随湾，那是基本的行为准则。按中山大学人类学系的调查，潮汕人的身份认同以方言为第一要素。也就是说，如果会说潮汕话，那就是本地人，至于籍贯在哪里并不重要。但是，很多外地人到了美国会说英语，来到潮汕之后，不管多长时间都学不会潮汕话，因而难以融入当地社会。其实，融入当地社会有两个方法：一是学习语言，二是广交当地朋友。即使没有学会语言，当拥有很多潮汕本地的朋友之后，进入了潮汕熟人社会，也算是基本融入潮汕了。而融入潮汕熟人社会，最关键的是事业成功，不管是在世界的哪个角落，成功人士永远是受欢迎的。而行为得体最主要是必须符合潮汕人低调多礼、利义分开的道德社会原则。其实，豪爽侠气的北方人在潮汕地区是受欢迎的。但如果一个人到一个陌生的地域去谋生，总是要求当地社会去适应他，而不是主动去适应当地社会，长期满怀异乡心态，无论在世界哪个地方，都是难以被接受的。

3. 潮汕的产业特点

潮汕的人情社会，深刻地影响着潮汕的产业结构。现在潮汕很多产业已经在全国占有很大优势，如服装、玩具、陶瓷、化工、轻工机

械、音像、文具等都具有很强的竞争力，这种竞争力与潮汕的人情社会特点紧密相关。潮汕，由于夹在珠三角和海西两大经济区之间，加上政风问题，生产要素在相当长一段时间都处于外流状态，难以聚集形成完整的产业链。最近十年，借助在外潮汕人的信息营销网络，在潮汕本土逐渐形成了相对比较完整的产业链条。在较为困难的发展环境下成长起来的企业，有着顽强的生命力，这种生命力来源于家族与人情社会的文化。考察潮汕的民营企业，我们都会发现一个共同的特点，那就是产业规模很大，对全国乃至全世界都有影响，如玩具、内衣等。但是产值很小，对地方的税收贡献率也非常低。潮阳区的内衣生产举世闻名，但产值只有100多亿。澄海的玩具业拥有多家上市公司，但产值不足300亿，创造的税收更少。潮汕各市GDP与一般预算收入比都在5%以下，揭阳更在4%以下。其原因有以下两个方面：

一是潮汕企业大多处在产业链的末端。如潮阳、普宁的很多产业大部分服务环节都在深圳、广州，潮汕本土只承担制造环节。往往是一个家族、甚至是一个家庭，有的在珠江三角洲从事服务业，制造环节留在潮汕，因此，大部分的产值在外地。

二是产值隐瞒与税源流失。由于潮汕社会是一个人情社会，这个社会由宗族、同学、同乡、战友等圈层结构组成。因此，骨干企业常常会把配套生产环节分给宗族成员甚至是圈层结构中的关系人，关系人并不需要注册一家企业，只需要履行道德信用，按时按质给骨干企业提供配套产品，于是，就出现了一大批隐形企业。这些隐形企业大部分都在民宅中进行生产，几乎不承担任何公共费用，它们在经济统计数据之外。另外，一些中型企业可以通过与税务等部门的人情交往实现瞒报收入以偷税漏税的目的，最终使产值和税收隐形化。

4. 消极的人情社会

人情社会之下，培养了潮汕人谦恭有礼的习惯，但人情社会的弊端也很大。正如董璐和崔芳芳在《人情社会浅析》[①] 一文中分析的那样：

人情社会消极的一面也是有目共睹的。人情关系弱化了公民主体

---

① 董璐、崔芳芳. 人情社会浅析. 法制与经济，2010（4）

的独立性，取而代之的是人情所维系起来的大大小小的关系网，关系网内的公民与网外的公民由于资源优势的差异而发生了实质力量的不平等。而民主要求公民享有平等的主体地位和自由，如果没有平等而自治的公民，民主就没有现实的主体基础。民主政治体系下的权力具有开放性，民主权力要为一个国家的全体人民所用，要对社会全体公民负责，平等地对待每一个公民，而不能仅对为各种事由所结合起来的一个个人情圈子负责。每个公民在权力面前都平等，没有亲疏远近之分。而人情社会常常出现权力往往仅为了少数由人情维系的利益共同体服务，公民无法获得平等地接触权力的机会，权力的行使不再是平等的对待。

第六章　对潮汕文化的扬弃

任何一种文化都需要一种自省的力量，去实现对自身的否定，推动自身的演进。潮汕文化作为中华文化的一部分，在中华母体文化快速演进的时代背景下，已经越来越跟不上时代的步伐，其中表现出的与时代不相适应的部分已经深刻影响到当前潮汕经济社会的发展，迫切需要我们以扬弃的态度去批判继承。而汕头，作为近现代以来，潮汕新文化的创造者，作为新时期的经济特区、区域中心城市，更有责任带头实行对潮汕文化的扬弃。

第一节　如何看待潮汕文化

一、时代大潮迫切需要我们不断反省潮汕文化自身

潮汕文化的形成已有一段漫长的历史，在潮汕这个相对封闭的地理环境中，由于方言的保护，由于华侨文化的不断回流补充，其文化形态进化非常缓慢，一直保持着古老的传统特色，与快速演进的中华母体文化的差距越来越大。当前，国家正在快速地城市化、工业化、国际化，与之相适应的规则意识、公民意识等现代文化因素日益成为国家文化的主导。由于国际化背景下各国之间的竞争日趋剧烈，文化软实力的竞争逐渐升级，国家的文化形态也正在快速演进，主流意识形态的主导作用日趋明显。在这种文化背景下，潮汕文化仍缺乏自觉意识，至今仍在特立独行，而且似乎与中华母体文化渐行渐远。作为文化研究者的我们，如果至今仍在努力宣传潮汕文化的独特优长之处，对其本身的劣根性视而不见，那么就是对文化的不负责任。

2008 年，正是改革开放 30 年、汕头开港 150 年之际，全国正在总结过去，展望未来；哥本哈根会议刚刚过去，由于人类掠夺性的发展，地球不堪重负，全球都在反思人类的发展方式；中国过去 30 年的发展虽然取得了举世瞩目的成绩，但也导致了今天自然灾害频发、贫富日

益分化等问题，对此执政党正在反思。而潮汕作为率先开放的沿海开放地区，却成为全省乃至全国的欠发达地区，我们有什么理由不反思我们自己？

潮汕的区域中心城市——汕头，这个中国最早进行改革开放的南方沿海城市，特区之路已经走了30年。但是，这座曾经得改革开放风气之先而辉煌的城市，在2000年之后，在全省的地位与影响力不断下降。至今，“807”、“815”事件的消极影响仍在这个城市的记忆中未曾消除，负面政策如信贷权限、海关监管等的影响仍在延续。经过10年的阻滞，经济特区和整个潮汕一起沦为全省的欠发达地区。在历经一任又一任领导不断地努力而没有根本改观之后，潮汕人，特别是汕头人似乎渐渐适应了“落后地区”的称号，虽然这对海内外骄傲的潮汕人来说堪称耻辱。而当这个最早的经济特区正在渐渐淡出全国人民视野的时候，曾连续多年以全国首富跻身于荣誉之巅的潮人商界传奇人物黄光裕，政坛名人黄松有、郑少东等潮人精英却又纷纷陨落，潮汕、汕头再次在国内外各大媒体上成为万众瞩目的焦点，但这刺痛着潮汕人的心。

潮汕是全世界潮汕人的家园，潮汕人在全国、全世界创造了无数的财富神话，为什么潮汕本土在改革开放的大潮中却少有建树？我们究竟在哪些地方出现了偏差？问题的症结究竟在什么地方？我们应如何自省？上天待我们不薄，给了我们宜人的气候，给了我们肥沃的土地、清澈的溪流和蓝色的海洋；祖先待我们不薄，大地上生活着勤劳聪明又勇敢的潮汕人；国家待我们不薄，给了我们优惠的特区政策和最早开放的千载良机；但为什么我们一次次错失了发展的良机？潮汕人，这个素有“东方犹太人”之称的族群，在全国乃至全世界都创造了无数辉煌和商界奇迹的潮人，在本土潮汕的发展中为何却一波三折？为何连远在京城的潮人精英也相继陨落？为什么我们不断地对外考察，不断地向外学习，但国内无数地方成功的、活泼的发展经验难以在潮汕嫁接成功？我们试图寻找答案。面对这些超越了地理、政策等因素的追问，我们只有到我们这个族群共同拥有的独特的潮汕文化中去寻找，我们深信，一切经济社会问题归根结底都是文化问题，这就是我们的着眼点。

二、文化反思之路

其实，以文化的视角思考潮汕的发展是很多人的共识，只是一直以来并未得到充分重视，并未全面展开。

（一）经济繁荣时期的文化自省

早在20世纪80年代，当我们率先打开大门，当潮汕人开始站到宏大的时代大背景下，我们就注意到工夫茶、潮剧潮曲、潮汕方言的独特性，面对这些独特的潮汕文化元素，潮人的文化自觉意识开始形成。80年代末，一批有文化、善思考的老干部开始介入潮汕文化研究领域，在他们的不懈努力下，汕头潮汕历史文化研究中心成立了，潮汕文化研究整理工作全面展开；与此同时，在国学大师饶宗颐的大力倡导和推动下，海内外也掀起了一股潮汕文化研究的热潮。聪明的潮汕人开始以一种自豪的态度去发掘潮汕文化的独特内涵，并将这一研究推向真正的学术化。正如中山大学陈春声教授所说：

> ……甚至可以不是很夸张地说，在目前中国各地，以某一特定地域性文化或某一区域的历史发展做研究的诸多的群体里面，潮州学研究者应是最好的那几个研究群体之一。我们的成果，一方面是学术的积累，特别是在历史资料的整理发掘方面，取得了大家都很熟悉的很多成果。①

应该说，从1989年到1999年的11年是潮汕文化反思的第一个阶段，这时期是潮汕经济快速发展的时期，汕头经济特区的快速发展带动了整个潮汕地区的发展。这一阶段，潮汕人带着先行发展的优越心理，在文化研究中以一种非常自豪的心态发掘着潮汕文化的优长之处，并吸引了海内外大量潮人学者的参与。他们做了大量的文化发掘、整理和保全的工作，为潮汕文化研究奠定了基础。潮汕文化的研究，凝聚了海内外大量的人脉资源，成为联结海内外潮人的纽带，对潮汕的发展起到了积极的作用，潮汕文化的魅力初步显现出来。但是，这一阶段，潮学研究更多的是从正面去发现潮汕文化的独特优长之处，

---

① 陈春生．从地方史到区域史——关于潮学研究课题与方法的思考，区域社会史比较研究中青年学者学术讨论会论文集，2004

对潮汕文化传统中不适应时代要求需要进行扬弃的，则少有涉足者。虽有一些文学青年尝试做了《河殇》式的反思，但声音毕竟微弱，淹没在时势之中。既未能进入民众的认知与生活，以唤起民众的文化自觉意识，更没能进入地方党政的视野，引起地方当局的重视，未能影响到地方政府的文化施政方针，也未能推动现代化新文化的上位与传播。

（二）经济发展阻隔时期的局部文化反思

1991 年，当传统潮汕被拆分为三个地级市的时候，人们并没有过多地注意到其可能产生的危害，当时，汕头经济特区得益于特区优惠政策，正处在快速发展之中。但是，随着中央“807”、“815”工作组进驻汕头查案，特区时期积累的问题集中爆发，浮躁繁华的汕头经济迅速衰退，大量企业倒闭外迁，整个潮汕进入了经济发展的阻滞期。逆境中的汕头党政当局试图通过对潮汕文化的批判“重建信用，重塑形象”。与此同时，针对外界对潮汕地方政府的批评，特区政府开始一轮又一轮地整顿机关作风。由于社会环境的挤压，地方党政、社会精英开始以一种批判的态度，从文化视角去审视汕头乃至潮汕的经济社会发展之路，开始对潮汕文化存在的劣根性进行反思与诘问，在汕头，政府企图通过概括提升出一种汕头精神，对潮汕文化进行重塑重建，从而开始了潮汕文化反思的第二阶段。当时，网民驿路风尘的《潮汕的春天还会到来吗?》一文更是掀起了这种反思的大潮，风靡一时。但在表面轰轰烈烈的讨论之后，收效甚微。一方面，汕头政府主导的文化反思主要针对地方信用缺失而指向潮汕文化。其实，信用缺失与潮汕文化本身并没有直接关联，当地方政府大张旗鼓地把这种所谓信用缺失当作潮汕文化自身的缺陷进行批判时，自然无法获得潮汕精英，特别是长期以诚信经营为本的潮人商业精英的认同。这种批判也未获得潮州、揭阳的响应，潮人的知识精英都知道，当时的所谓信用危机是长期缺乏国家意识的潮汕人在特定历史背景下，潮汕人聪明才智运用失范走入误区的一种表现，而非潮汕文化本身缺乏诚信资源。在经过十多年历史的沉淀之后，现在，我们已经能更为清晰地看到这种批判的不足。另一方面，远在家乡之外的批判者们因为各种原因并没有精确地“把脉诊症”，所以虽能在本土激起热情，但缺少文化界的支持。

近10年的潮汕文化反思阶段，恰是潮汕发展陷入低谷的时期，政府在全力动员人民度过低谷期的努力中，在难以突破的困局中，不能不正视潮汕族群文化存在的与时代不相适应的问题。特别是经过多次的机关作风整顿之后，成效甚微，经济发展的软环境仍然不尽如人意，领导层中也开始对本土文化进行个人反思。但由于是在个体和私下层面的反思，未能上升为一种官方行为或文化行为，也没有引起社会的广泛省觉。这就是当下潮汕文化所面临的困局。

从潮汕文化研究的角度看，30年对潮汕文化的研究重点在于存异，在于发现潮汕文化的独特优长之处，在历史的挖掘中寻找传统的力量源泉。这种存异的文化研究已经有较为完整和成熟的成果，以《潮汕史》上下册基本完成作为标志。在新的时代背景下，如果仍没有回应潮汕现实社会中存在的文化问题，仍对潮汕文化津津乐道而固守着传统的樊篱，就不是批判者应有的态度。因此，当下，对潮汕文化，我们需要用一种批判的视觉去审视，在批判中去实现潮汕文化的自新，这是文化研究者的责任。

三、当下，我们对潮汕文化应持何种态度

目前，从广东省省委到潮汕地方政府，领导班子的很多人都注意到潮汕的发展与潮汕文化本身之间存在的关系。汪洋同志在纪念特区30周年的时候提出，要总结过去的教训，给未来以勇气和信心。因此，将文化引入到反思的视野，有利于我们为未来的发展做好文化准备。

（一）当前文化批判的基本目标和态度

我们认为，扬弃文化的意义在于帮助我们为面临的挑战寻找解决方案，启发我们对地方发展的现实问题作出根本性的回应，并通过对过去的实践进行总结，推动文化及文化所创造的成果走向未来。因此对文化，一方面是发掘，一方面是扬弃。发掘是扬弃的基础，只有认真仔细地发掘，才能明白我们究竟是什么，我们有什么；然后，我们才能对发掘出来的东西进行扬弃，批判其糟粕，吸收其精华，最终才能通过扬弃获得文化的自觉，进而释放出文化自身的创造力。

亨廷顿说："文化是制度之母。"在当前，宏观制度只能由国家产生，宏观政治、经济制度与主流意识形态息息相关，如果地方的文化太独特了，那么，对于产生在母体文化背景下的制度就难以适应，弊病由此而生。弥补的方法必须从政府理性的角度出发，深入地研究、理解地方文化，然后有针对性地出台地方性的制度，以制约规范地方文化的前进方向，实现地方文化与现实制度的和谐并行。温州文化与潮汕文化有很多类似的地方，其经济发展形态与潮汕经济的发展形态也有很多共同特点，如以民营经济为基础等。虽然温州的开端与潮汕中心城市汕头的开端类似，开局甚至不如汕头好，但发展至今，温州已经是一骑绝尘，令潮汕各市望尘莫及了。原因就在于温州政府能清醒地认识到地方发展的特点与规律，能站在政府的立场，以非常理性的方式引导、校正地方发展的偏离倾向。

温州政府创造的全国"四个第一"，即第一个实行金融利率改革；第一个制定私营企业条例；第一个建立股份合作制企业；第一个实行国有土地有偿转让。这"四个第一"针对性极强，它一方面抓住了民营经济分散、融资难、规模小、竞争力弱的特点；另一方面抓住了民营经济为主的地方政府财政能力较弱的特点。用制度化的方式解决民风过于钻营的问题，最终成就了温州经济的快速发展。而在潮汕四市，这几个方面的弱点暴露无遗，由于缺乏政府理性的指引，至今问题仍无法解决。特别是汕头市，虽然作为经济特区，拥有自主制定地方法规的权力，但是，长期以来，在弱势政府思想的主导之下，相关部门对管理对象放任自流，对各种短期行为视而不见。这种缺乏理性指导、放任自流的政府指导思想，最终损害了地方经济的发展。揭阳市近几年打造的强势政府已经取得了举世瞩目的成绩，强势政府形象的树立正是基于对潮汕文化深刻理解的基础之上，基于对主流意识形态执政规律的把握，值得兄弟城市借鉴。

（二）当前潮汕文化批判的走向

我们认为，潮汕文化是一种地域文化，是中华母体文化的一部分。因此，审视潮汕文化时，必须将其放到中华文化的母体中去，把母体文化作为一个大背景去考量，这是一个基本的前提。一方面由于潮汕地处省尾国角的地理特点，加上文化类型上属于闽南文化，行政地域

却长期隶属于广东，致使潮汕文化的历史迁复相对缓慢，在母体文化共性的基础上保留更多传统性的特点。特别是在国家、社会意识方面，潮汕人的国家意识薄弱，对政治问题一向淡漠。政府对国家政策缺乏积极响应的态度，在落实计划生育、殡葬改革等国家大政方针方面一直表现得不够积极，当然，这也与执政难度有关。另一方面，改革开放30多年，中华民族母体文化敞开胸怀，包容接纳了世界多样文化，在工业化与现代化的极速推进中，人们的生活方式与价值观念都已经发生了巨大的变化，已经体现出更多的与传统不同的特点。特别是在全球化的浪潮之下，中国市场经济迅速发育，中国正在快速融入到世界的发展潮流之中，与之相适应的法制文化、制度文化也在快速地成长，规则意识在迅速形成，中华母体文化已经走在文化现代化的道路上，文化自身已经发生了巨大的变化。这时，传统势力主导着的潮汕社会，由于缺乏自新的文化力量，面对母体文化的快速演进，文化间的差异变得越来越大。由于缺乏一种理性力量的引导，在中央为维护其权威而进行的整肃运动中，一次又一次地遭受打击。我们认为，面对母体文化的这种变化，潮汕地域文化无法独善其身，不主动融入根本没有出路。多年以来，潮汕社会问题层出不穷，走私、骗税、政风腐败等现象屡禁不绝，根本上都与潮汕地方文化中国家社会意识薄弱有关。

（三）必须弘扬“百川归海”的潮汕精神

在当前新的历史形势下，正在崛起的中华民族面对改革至今的各类矛盾，面对外部日益增大的生存压力和国内日益严峻的挑战，需要更加强大的国家力量去解决。国家需要在民族内部建立共同的理想、统一的文化形态和新的法制秩序；国家会对各地的违法乱纪、损害国家利益的行为进行有力打击，中央工作组多次进驻就是这一意识的体现。

而对于潮汕本身，由于近十年的经济发展阻滞，积累了大量的经济社会问题，解决问题的压力越来越大。在可供利用资源较少的情况下，迫切需要政府动员全市人民取得共识，需要步调一致地去迎接新一轮的挑战，需要一种更加强大的规则和纪律意识，去求同，去支撑。但遗憾的是，潮汕文化中最缺乏的就是这种规则与纪律意识，因此，形势迫切需要我们去重建潮汕文化精神，这种精神的基调就是融入母体文化。在母体文化中去获得潮汕文化的国家意识、社会意识、规则意识，并以此为动力，把潮汕人凝聚成一个坚实的、有组织、有纪律的族群，才能在新一轮的区域竞争中获得发展的力量，以应对各种挑战，实现自身的可持续发展。

第二节　文化批判与重建之路

由于潮汕文化明显存在与现代化不相适应的地方，因此，实现潮汕文化的现代化，建立起适应时代发展要求的潮汕文化精神便成为当前文化改造的重中之重。

科学发展观的核心是以人为本，我们认为，潮汕文化的批判与重建，关键是抓住人本身。人的改造必须是第一性的，与此同时，通过人所活动的城市历史环境的保护与现实环境的建设，将文化内容熔铸到充满生机与活力的政治经济形态中，这才是我们需要的现代化的潮汕文化精神。

一、文化的批判与重建需要回到文化本身

文化是一个族群的生活方式和价值观念的总和，要对潮汕文化进行批判，建立潮汕文化的现代形态，我们就必须回到潮汕文化本身，回到潮汕人的历史与现实的生活场景中去，才能明白潮汕人的生活方式和价值观念所发生的变化。

（一）生活方式、生活场景的变化迫切需要我们去调整适应，这是批判形成新文化的起点

文化形成于具体的历史场景之中，受制于文化形成时期的具体的生产生活场景，如果离开了这个场景，文化就会失去赖以生存的土壤。因此，我们认为，对潮汕文化的批判必须看到文化场景所发生的变化。

“识字掠无蟛蜞”是潮汕人耳熟能详的一句俗语，其中深刻地体现了潮汕过去的生活场景以及由此形成的价值观，这是潮汕文化的典型特征之一。这句俗语深刻地揭示了文字表述与客观事实之间的差

异，体现了潮汕人灵活的适应性和不迷信教条的特点，是一种崇尚实践、崇尚首创精神的表现，这是水性精神的体现形式，是一种务实而灵活变通的结果导向式思维。但这句俗语产生于交通很不发达，信息传播非常困难的古代潮汕农业文明时期。那时，由于地理的阻隔，由于大陆文化与潮汕近海文化的差异性，潮汕先民文明成果的取得很难依靠外来智慧，主要依靠自身经验的总结创造，因此，首创精神是第一性的。因而，从实践中总结出经验，以结果来推导实践的正确性就成为一种睿智的外现。而今天，潮汕人的生活环境已经发生了翻天覆地的变化，即已经进入知识经济时代。在信息社会，智慧成果更多来源于对各种外来信息的学习和加工，也即来自多样文明成果的相互借鉴和相互启发，实现这些不得不依靠文字。生活经验已经不是人类智慧的主要来源，这时候再用“识字掠无蟛蜞”来指导实践就脱离了现有的文化环境。而且，即使是结果导向式的功利主义导向，也在于思考如何更多更好地获得蟛蜞，方法论更为重要，而许多科学的方法都必须依靠科学的理论来指导，不能再单纯地依赖经验。长期以来，“识字掠无蟛蜞”被泛化提升到潮汕人的价值观层面，带来了潮汕人轻视理论、轻视文字、轻视规则的不良文化倾向。如果没有把我们的文化价值观还原到原有的生活场景，而是一味地强调历史经验，将成为潮汕文化之殇。而且，我们今天面对的是一个法治社会、规则社会、契约社会，其内在的文化要求是规则化的、程序性的，需要理论研究加以指导，这些都与潮汕的“蟛蜞哲学”相悖。

从中，我们能深刻地体会到生活环境变化之后所带来的要求文化必须实现自身的现代化，因此，我们必须回到今天具体的生活场景中去进行文化的批判与重建。

（二）我们需要及时发现和总结新的生活场景

全球化、信息化背景下的世界，是一个各种文化思想急剧变动的时代，生活方式也随之变化，文化的变化是悄然的，总是在不知不觉中来到我们身边。人们身在其中，不易发现这种变化，不易将其视为观察的对象、思考的对象。正如广府文化进入粤东。在潮汕人的饮食文化中，潮菜与粤菜所属文化体系不同，当粤菜的清蒸鱼在粤东地区出现时，人们很难发现这种悄然而来的变化。慢慢地，潮汕人开始有

了“食早茶”的习惯，吃着早茶、听着粤语歌曲的人们并没有思考更多。而当有文化自觉者开始认真思考时，他们就会发现，随着越来越多生活方式、生活场景的“粤化”，广府文化作为全省经济发达地区的强势文化，正强劲地渗透、影响着全省乃至全国，在经济主导之下，地理疆域和文化疆域也因为经济的全球化浪潮而变得模糊不清。先进生产力所携带的文化必将成为一种强势文化、一种新文化。而作为经济相对落后地区的文化难以独善其身，如果没有经济基础的支撑，如果文化缺乏对先进生产力的引领与支撑作用，如果缺乏一种自觉的意识，一种学习的精神，其文化地位的丧失也将成为必然。

正如我们前文中讨论的“排外”现象。潮汕人是不把会说潮汕话的人当外地人的，但是，进入潮汕的外地人几乎极少有学会潮汕话的，排外感觉由此而生，潮汕也因此成为一个很难留住人才的地方。但是，进入珠江三角洲粤方言区的外地人，许多人很快就学会了粤语，很快融入了当地社会。外地人不学潮汕话的理由很复杂，最常听到的说法就是潮汕话难学。客观来说，潮汕方言确实难学，潮汕语音系统极为复杂，不只有 8 个音调和多若繁星的文白异读，还有区别语义所需的连续变调，而且方言片之间差异极大，同属潮汕方言区的不同方言片之间可能无法用共同的母语顺畅交流，这一点与粤方言是不可同日而语的，但有一点，潮汕话肯定比英语更容易，因为潮汕话是汉语，使用汉字。即使音系复杂，也要比学习另一种语系的完全陌生的语言来得容易。但是，到了美国可以很快学会说英语的中国人到潮汕极少能学会潮汕话，看来，最根本的原因是潮汕经济落后。改革开放之始，粤文化凭借香港文化，以潮流的形式席卷全国，广府文化已经成为潮流文化的代名词，被更多的人所接受。而偏僻又相对落后的潮汕，其文化的独特性并未被大众所接受。要想得到大家的接受认同，自然很难。

因此，文化现代化需要自觉，需要一种高屋建瓴的规划，需要我们置身其中而又能抽身而出，需要一批文化工作者、建筑设计师、环境设计者、新闻传媒、教育工作者们共同努力去总结、去营造、去提升，否则，文化的扬弃、特区与时俱进的时代精神就会失去其鲜活的源泉。

（三）对文化的批判与重建必须立足于当下的生活场景

对文化的批判与重建必须立足于当下的生活场景。基本的态度是立足现实，批判地继承。

潮汕文化的载体是这个族群的生活方式及生活环境，这些场景是全方位的。不仅存在于经济、政治活动之中，也存在于每个人的思维方式和行为方式之中，而其系统的文化属性，则最集中地体现在民间的各种民俗活动之中。潮汕的民俗活动在全球化、现代化浪潮之下并没有消失，至今仍十分活跃。这是我们进行文化分析和文化改造时的一个载体，也是一个值得我们去研究思考的文化现象。我们可以此为例来说明我们的基本态度。

我们认为，潮汕民俗活动产生于农耕文明时期，其生活场景与今天已经大有不同，因而，民俗活动中存在的很多落后的东西自然难以回避。但是，由于这些都是传统文化的基本载体，传统文化存活于其中，如果一刀切地禁止，甚至听任其消失，就是“把洗脚水连同小孩一起倒掉”的态度。

澄海区澄华街道冠山社区居委会的赛大猪活动就是一个很有说服力的例子。

我们在观察冠山赛大猪民俗活动时发现，为了祭拜妈祖而出现的冠山赛大猪民俗活动，社区有一个非常智慧的制度设计，将公平、公开、公正的制度刻在祠堂的石碑上。每年一次的赛大猪活动，按宗族姓氏轮值，根据大姓与小姓的人口数量而承担不同年份的轮值任务。制度的设计得到了全体村民的认可，特别符合公平与合理竞争的原则。为了把活动举办得更加体面气派，不失本姓氏宗族的体面，各轮值姓氏都会尽力展现出宗族的综合实力。从赛大猪场所的搭建，到游

冠山赛大猪活动（摄影：黄勇哲）

行乐队的质量、旗队的规模，再到摆设物品的档次等方面他们都会竭尽其所能。为此，各姓氏宗族必须长年组织自己的锣鼓队、乐社进行练习。为确保活动的开展，各姓氏都会要求宗族中的青年积极学习敲锣打鼓等潮汕传统音乐技艺。在活动期间，为奉神明，赛大猪现场会上演近一个月的潮剧，还要把宗族拥有的精美传统工艺品摆到神场上。这个活动有诸多方面的文化意义。

首先是有益于潮汕文化的传承，潮汕文化在漫长的历史发展中，其传统性始终保持完好，这与潮汕的民俗活动有着极大的关系，潮汕的传统艺术在祭神活动中得以发扬。在摇滚乐甚至说唱风格的现代音乐风靡全球的时候，乡村里的年轻人并非基于对传统的热爱，而是基于宗族的压力而刻苦学习传统音乐，其文化传承的功用一目了然。而神棚里近一个月的潮剧演出，给潮剧这种社戏提供了市场，市场才是艺术发展的最佳动力。潮剧的本质是社戏，它的主要舞台在农村，这是潮剧流传久远、历经沧桑却依旧生动活泼的主要原因。此外，祠堂建筑中各种精致的雕刻以及摆设的传统工艺品，很大程度上也是潮汕传统文化产品的载体。可以说，潮汕文化正是生存在这种生动活泼的民俗生活场景之中。失去这个生活场景，文化也将无所依附，这也就是我们为什么反对取缔游神赛会活动的原因。取缔这个活动就意味着文化失去了载体，文化的改造也将失去原有的平台和着力点，这是一种虚无主义的态度。今天，潮汕作为非物质文化遗产得以保留下来的英歌、潮剧、灯谜、木雕、剪纸等二十多项传统艺术几乎都与游神民俗有着直接或间接的关系，如果取消，这种遗产将何以为继？

而我们所说的批判的态度是保留民间这种生动活泼的生活场景，在此基础上，通过政府主导，文化研究人员、社工等对这些传统活动进行研究，通过与社区的接触和积极互动，提升民俗活动的现代意

作为社戏的潮剧（摄影：黄勇哲）

识，扩展其积极的文化内涵，从而达到改造文化的目的。2009年，冠山赛大猪由于一名退休教师的参与而体现出全新的内容。这一年，冠山卢姓当值，一位退休的老教师作为老人组成员参与了活动的策划，赛大猪民俗活动因而被赋予了崭新的内容，其当代意识表露无遗。组织者在场馆中增加了消防设施和其他安全措施，在展品中增加了卢姓家族发展成果展览，包括家族的经济成就、教育成就、书画展览等，充分展示了家族在物质文明、精神文明建设中取得的成果。演出也不限于潮剧、皮影戏，还包括放电影等新内容，这是把传统民俗活动引向积极的、现代化的一种尝试。当然，如果再加以深入研究，这种引导还可以有更好的形式。实际上，中山市著名的慈善万人行，其前身就是游神赛会。所以，对待现有的文化改造，我们必须回到当下，对现时的文化进行研究和有效改造。只有进行充分的调查研究，仔细分析其活动的功能结构等，提出一个甚至多个合理的改造方案，政府在其中起积极的引导作用，按照保留尊重和有利于社会发展的原则，进行合理改造，文化的现代化之路才有可能实现。

二、强化政府干预，对潮汕传统文化的扬弃

潮汕传统文化中，存在诸多与时代不相适应的因素，因此，需要批判地继承。而要解决这些问题，则必须跳出文化本身，从文化的内部和外部共同着手。

（一）大力加强法制建设

正如我们对潮汕文化的商业特性进行分析的那样，潮汕传统民性中存在早熟的商业意识，因此产生的敏锐的利润意识能直观地计算出违法犯罪成本的高低，评估出钻空子的风险。早在汕头经济特区发展初期，走私、倒卖批文等不法行为就产生了。但是，诸如走私、骗税行为如果从经济人角度进行分析，从违法收益与成本进行计算，是符合经济人假设的。汕头乃至潮汕曾经的信用缺失和骗税之风的根本原因有两个方面：一方面，我们国家的改革开放政策是“摸着石头过河”，相当长一段时间内，法律法规很不完善，特别是在经济特区，由于赋予了特区先行先试的试验权，政策更加灵活，这些灵活的政策背后都有巨大的利益漏洞。另一方面，由于潮汕人商业意识的早熟，

他们作为成熟的经营者，能清楚地计算出违法成本与收益之间的关系，因而很多人铤而走险。因此，如果法制不健全，制度不完善，就容易导致大量违法犯罪行为。这也就能解释为什么在法制比较完善的香港，潮汕商人如李嘉诚等特别守法经营的潮汕商人能够做强做大；为什么法制最完善的新加坡，数量众多的潮汕人是守法的典范；为什么在制度不严密、法律法规不健全的地方他们违法违规较多。如果在潮汕地区能形成严明的法制环境，加大违法成本，强化执法力度，就可以有效地抑制这种文化弱点，把潮汕人的逐利意识变成灵敏的市场嗅觉，把他们的聪明才智引向合法经营道路。从这个角度看，汕头作为潮汕文化的引领者，应责无旁贷地担起这一重任，大力强化立法，加强执法，建立起一个真正的法治政府。

（二）强势政府形象的塑造

正如我们前文所介绍的，潮汕自古以来就是一个小政府、大社会的地方。由于政府力量薄弱，宗族力量强大，其自治色彩非常浓厚。这种小政府的社会结构在现行的政治体制中缺乏竞争力。

强势政府的形成首先基于我们对中国社会发展基本动力的判断。正如经济学家郎咸平所说：“中国的发展，前二十年取决于开放，后十年取决于政府竞争力。”他的这个判断对应潮汕的发展，可以说是直达要领的。改革开放直到2000年，潮汕，特别是汕头，其经济发展一直走在全国前列，汕头在全国各大城市的排名中，常名列50强之内，这得益于她是中国最早开放的经济特区，得益于潮汕人开放的文化特性，在汕头经济的带动下，潮汕地区的总体发展水平都比较高。2000年以后，直接原因是中央查案工作组对市场秩序的整顿，但根本原因则是政府竞争力的弱化。实质上，其他经济特区如厦门，远华案的查处也使其深受打击，但在厦门政府强势的主导之下，厦门很快走出低谷，至今稳步发展。但是汕头在2000年之后，一直无法从根本上解决问题。深层次的问题有两方面：一是20年高速发展积累了各种问题，改革进入攻坚阶段，这是全国各地方政府都面临的问题。这些问题需要一个强势政府去解决，但潮汕弱势政府难以解决。在潮汕，特别是汕头，由于历史遗留问题，各级政府被上访群众围堵，常常出现很难进行正常办公的情况。二是经过20年的发展，国家工业化已经进入重化工时代，经济发展的最大推动力是大项目、大交通。而这些需要征用农民的大片土地，需要对其进行安置、拆迁，而这正是弱势的潮汕政府难以完成的。在潮汕，由于人口密度过高，土地资源稀缺，虽说在广东属欠发达地区，但土地价格，特别是工业用地价格并不比珠江三角洲地区低。在民营经济比较发达的澄海，其工业用地的价格甚至比东莞还高，对外来资本缺乏吸引力。同时因为价格过高，农民出于对利益的保护，经常强烈抵制征地，政府征地、拆迁困难重重。需要使用大量土地的重大项目的引进更是难上加难。甚至在基础设施建设上，政府在与宗族力量强大的村落博弈时都处于弱势。因此，在潮汕，一条需要拆迁的道路十年难以建成并不奇怪。在汕汾高速公路，我们甚至能看到全国最奇特的现象——从澄海进入汕汾某个高速公路的入口是单向的，只有往汕头的入口，没有往福建的入口，原因就是当地农民只愿意提供建设往汕头入口的土地，而不愿意提供往福建的入口的土地，民意过于强势，政府最后只能妥协。

潮汕弱势政府有其人性化的一面，在保障农民利益，促进农村和谐方面有积极的意义，但是，其弱点也是显而易见的。最根本的问题就是不适应现行执政规律，难以获得国家重点投资项目，在区域竞争中处于劣势。在现行的行政体制之下，地方政府的竞争力决定了地方投资的吸引力和解决地方各种发展难题的能力，因而，强势政府的作用已经无可替代。近年来，揭阳正是通过强势政府的打造，造就了政府高效的执行能力，在这个基础上，获得国家重点投资的若干特大项目，而这些项目的投产必将极大地促进经济的发展，如今，揭阳市在粤东各市中一枝独秀，其发展模式已经证明其有效性。

（三）积极向主流意识形态靠拢

正如前文所述，潮汕人有着强烈的不安全感，边缘意识非常严重，有反权威倾向，这种文化特别容易强调自身的特殊性，忽视服从，藐视规则。而藐视规则容易被国家日渐规范的制度、法律所不容；心理的不安全感又特别容易催生短期行为。这些都容易成为打击的目标，成为发展的障碍，如果不加以改造，将影响到潮汕现代化的进程。其实，随着潮汕的开放，海陆空立体交通网络的形成，潮汕的地理特征早已经不再边缘化，大海不仅不再成为阻隔文明的樊篱，而已经成为

文明的摇篮。另外，在全球化、信息化时代，全世界的信息都可以汇聚于一个角落，边缘化存在的合理性场景已经消失，如果这时我们还是一味地强调汕头“省尾国角”的位置，强调其自身的独特性，就是自我边缘化的一种表现，潮汕文化的发展也就无从谈起。

在向母体文化靠拢方面，一直以来，潮汕地区的各级政府在其中的角色定位并不清晰。饱受痛楚的退税骗汇事件，没有政府的参与根本不可能出现。在不少制假造假的打击和国计民生的重大政策（如“计生”、“殡改”等）的执行上，政府都应承担起自己的责任。很多中央及省内下达的政策贯彻到潮汕各地时，都会因为地方政府总是强调地方特色而大打折扣，这是政府自我边缘化的一种体现。因此，政府应特别强调与中央保持高度一致的精神，大力打造守法政府、诚信政府，必须有一种勇气去确保上级政令施行于当地的畅通。

1. 从学生抓起，大力推广普通话

语言是文化的主要构成部分，潮汕方言的特殊性需要与普通话的普遍性结合起来。一方面，潮汕方言的保护工作需要进行，另一方面，要让每一个潮汕人学会使用普通话。现在，在广大的潮汕农村仍有不少人不会说、甚至听不懂普通话。在信息时代，主流信息以普通话形式进行传播，学习普通话是提升潮汕人素质的关键。同时，也会使潮汕人更容易接受母体文化的思维方式，这是向中华母体文化靠拢的有效形式，是淡化潮汕族群过度典型化、独特化的有效途径，进而能解决潮汕人因语言问题而产生的排外问题。这一方面，在城市中，已经做得非常好，在广东三大民系中，潮汕人的普通话水平要比广府人高。但是，在广大农村，由于教育资源的匮乏，高素质基层教育教师的缺乏，加上大量的历史欠账等原因，潮汕地区农村普及普通话仍有大量的工作要做。

2. 强化潮汕人的爱国意识，积极进行爱国主义教育

潮汕文化存在国家意识、公民意识较弱的缺憾，这种缺憾是造成潮汕发展过程中诸多困扰的重要原因，已经严重影响到潮汕的发展。由于国家意识、公民意识的缺失，国家公务员、医生、教育工作者都存在一种职业行为商业化的倾向，轻视了其工作的国家属性和社会属性。因此，公权私利化、信仰金钱化的倾向比较明显，这必然会影响

到政府效能的提升。也由于这种意识的淡薄，民众在制假售假、偷税漏税、走私贩私时没有道德压力，没有遭到族群的谴责，缺乏羞耻之心。因此必须大力强化国家意识、社会意识的教育，培养起适应时代要求的公民意识。

2003 年，我们曾经在澄海盐鸿镇做过一个问卷调查，我们设计了两个不同问题，给了相同答案，下发了500份问卷，目的就是调查潮汕农民的国家意识和公民意识。其中两个问题如下。

1. 村里有人做假烟，你的态度是（　　）

A. 报告派出所　　B. 没关系　　C. 最好不要　　D. 其他

2. 村里有人做假药，你的态度是（　　）

A. 报告派出所　　B. 没关系　　C. 最好不要　　D. 其他

题1，选择“最好不要”的占73%，“报告派出所”的占17%；题2，选择“报告派出所”的占74%，“最好不要”的占20%。

在这份问卷的设计中，隐藏的意图是：做假烟，偷税漏税，危害的是国家经济利益；而做假药，危害的主要是人民的生命安全。潮汕农民在选择时，充分体现出重道德，轻国家意识、公民意识的文化倾向。也正因为如此，做假烟者缺乏道德约束力，曾有一时泛滥之势，虽然这种现象在政府的大力打击之下，已有很大改观，但其思想文化根源依然存在。至今，潮汕地区民营企业偷税漏税现象仍很严重，税收与GDP比例严重偏低的情况在潮汕各市都类似。2009年，潮汕三市GDP一般预算收入比：汕头5.6%、潮州3.8%、揭阳3.5%，这种情况多次受到广东省领导的批评。但是，强大的道德感使潮汕人极少会做假药、假化肥、假农药之类的东西。

潮汕文化中，国家意识的缺乏是个严重缺憾，政府必须充分重视这种文化弱点，大力培养潮汕人的国家意识，特别是要利用国家大事，如奥运会、亚运会、国庆等进行爱国主义教育，培养国家意识。

3. 大力培植各种新型的义工组织，培养公民的社会意识

潮汕有独特的善堂文化，不乏大量的慈善组织，这是一种非常宝贵的民间资源，是潮汕人文精神的一种体现。但这些组织大部分依托于宗教信仰而存在，施善者的出发点停留在朴素的恩报、善报观念上。

应该说，依托于宗教而存在的慈善组织在公民意识、社会意识的培养方面比不上新型的义工组织（如汕头著名的义工组织——蓝天义工）。应该说，两种组织都是我们应积极提倡的，但新型的义工组织在培养当代青年人的现代精神方面更有价值，这关系着一个城市之公民是否拥有与时代相适应的公民意识。而这些，需要政府部门的大力培养，特别是在扶持一些新型的福利组织方面，更要加强宣传与支持的力度。

蓝天义工

蓝天义工是汕头市影响最大的新型义工组织，注册义工有 800 人，其倡导宣传的环保、重教、交通意识等时代理念与传统的善堂文化相得益彰，共同构成潮汕社会一支强大的慈善力量。

4. 培养潮汕人的公共道德文化

汕头不同于潮汕其他城市的地方，就在于她是一个都市，一个可以引领潮汕文化走向现代化的先锋城市。她的引领作用，她的文化特色和文化魅力就在于其城市文明，而城市文明的表现形态之一就是公民的公共道德意识，这是规则文化和市民文化的集中体现。

当前，潮汕各市的城市化进程正在急速推进，大量农民已经洗脚上田。但由于潮汕文化传统因素仍居主导地位，多数潮汕人，特别是农民尚未养成公共道德意识，各个城市乱搭乱建、乱摆卖、乱丢垃圾的情况非常普遍。特别是城市交通秩序，城市汽车时代已经到来，当潮汕各城市进入汽车文明时代之后，我们看到的潮汕各市交通秩序非常混乱，人们的思想意识仍然停留在旧观念中，对城市道路中的标志、指示灯等都视若无睹，人们还没有意识到汽车时代到来之后所应遵循的公共道德。这种情形一方面造成大量的车祸，危害人民的生命安全；另一方面则大大削弱了潮汕社会的对外形象，因为一个城市的秩序是城市形象的主要部分。因此，当前，各地方政府必须克服交通执法中的人情因素，通过严格的管理培养潮汕人良好的公共道德。

（四）创建一个学习型社会，培养潮汕人理论思维的习惯

由于潮汕人长于实践，轻于理论，使潮汕人一方面成为务实的实干家，一方面普遍缺乏长远战略眼光，追求短期行为。这与潮汕人的流动性和华侨文化有关，也与潮汕人族群缺乏安全感有关。长期的流动，往返于各地，使他们一直以来喜欢做贸易生意，因为贸易不需要太长的投资周期。早在1923年，香港潮州商会的董事成员名单中的24位成员中，只有3位是工厂主，其余都是商号老板。

潮汕人有句俗语叫“百赊不如五十现”，这句俗语被广泛地接受和运用，它深刻地揭示了轻视理论，缺乏长远目光的文化心理。由于追逐短期行为导致经济发展上出现了不可持续性，汕头特区时期发展起来的更多是贸易公司而不是实业经济，特区优惠政策取消之后，贸易经济随即烟消云散。正是由于这种不可持续性，影响了潮汕经济的发展水平。在城市发展上，由于缺乏长远的眼光，城市规划相当滞后，城市发展体现出杂乱无章的特点。

这些都迫切需要通过构建学习型组织，培养学习借鉴的能力，强化理论思维能力。理论来源于实践，当前，最迫切的是强化对潮汕经济社会和潮汕人群体的研究，特别是对潮商群体的研究，把他们在实践中取得的伟大成就上升到理论层面，这样既服务于潮商群体本身，也可以指导更多的潮汕人去把握潮汕文化精神中最精华的部分。

三、弘扬新时期的潮汕文化精神

（一）对潮汕文化精神的定位

自从潮汕一分为三之后，潮汕内部出现了政治之争、经济之争和文化之争。汕头作为传统的政治、经济、文化中心，曾以“大哥”自居，2008年，广东省委省政府也正式确立了其区域中心城市的地位。但由于汕头市近年来的经济建设成就不高，未能起到应有的推动和带头作用，经济基础决定上层建筑，其领导地位受到其他城市的挑战。

在文化领域也出现了三市正统、源流之争。对潮汕文化精神的扬弃，建设一种新的文化形态，首先必须确定新文化的目标，而新文化目标必须有清晰的文化定位。

揭阳争文化之源虽缺乏足够的证据支撑，但不管是从理论上还是从实践上，似乎无可厚非；潮州作为传统潮汕文化的中心没有多少疑问，而汕头，作为一个近代才形成的城市，首先是潮汕新文化的引领者，然后是传统文化的改造者。纵观汕头的历史，我们不难发现，汕头从海底升起，逐渐成为一片陆地，至今不足五百年；开始设防（1717 年）、设关（1756 年），军事价值创造与经济价值的历史也不足三百年；基本形成港口只有两百年（1809 年），开埠至今只有一百五十年的历史。从潮汕本土文化历史角度看，她还拥有传统资源极其丰富的潮阳潮南和澄海区。而作为一个新兴城市，其居民绝大部分是周边农村的潮汕移民，所以，她一方面体现出与传统潮汕文化不可剥离、息息相关的一面；另一方面，汕头的价值在其现代化上，即从其诞生到成长过程中创造了大量的超越传统文化形态的东西。在整个潮汕文化系统中，传统文化只不过是一个先天的文化底色、文化环境。汕头能够成为粤东区域中心城市，完全是因为汕头在近现代以来对于整个粤东地区经济、政治、文化的贡献和影响。汕头要继续树立这一区域中心城市的文化形象，就必须彰显近现代以来对潮汕的历史贡献，以及对潮汕地区现代化进程持续发挥的引领作用。例如，中国第一批民族工业的缔造者，第一条商用铁路的建造者，使用电灯等现代化文明产物，开设电报局、电话局等公共信息服务机构，以及设立经济特区等时代潮流的引领者，历史上的汕头一直走在全国之先、时代之先。这些都是对传统的创造与革新，与之相适应的汕头城市文化是形成汕头面貌、文化地位的主要标志。世人正是通过这些崭新的工业、城市文明要素来认识汕头的，恩格斯所指的“远东唯一有一点商业意义的港口”也正是基于汕头的这些近代化特征而言。因此，我们可以说，汕头对于潮汕文化的价值就在于她建立在城市化和工业化之上的城市文明、工业文明。潮汕至今仍有大片的农村，其文化走向、文化出路在于城市化。相对于潮汕的中心城市——汕头而言，其文化定位也是其价值所在，就在于她能否不被传统的潮汕文化挟持而行，而是能够以特区的精神、新文化的缔造者身份引领着潮汕的大片农村走向现代

化。也正因为如此，汕头文化研究的任务不是去争嫡传，而必须把近代以来，有现代代表意义和特征的物质、人物等进行全面的梳理，把近代以来汕头辉煌的历史意义凸现出来。例如，充分发掘汕头从开埠至今出现的大量商号以及那些创造了中国商业文明与工业文明的代表人物，近代从汕头走出去的大量贤人，曾经引领潮汕文化新方向的小公园建筑群和标志性的老海关、外国领事馆等文化遗存。这些都需要地方政府去做大量的细致入微的工作，从深度和广度上去挖掘和宣传。只有通过这种积极潜心的营建，才能充分体现出汕头城市文化、特区文化对于潮汕文化的价值。在此基础上，汕头还应充当潮汕文化批评者的角色，担负起推动其走向未来的重大责任。

（二）潮汕文化精神需要生动活泼的现实场景

潮汕文化精神的体现需要无数潮汕文化元素去保护与营造。在潮州，文化工作的重点在于古老的传统，正是由于潮州市的积极工作，韩文公祠、开元寺、古老的湘子桥、牌坊街和成片保护的古城墙和古城面貌，让我们能够感受到传统潮汕文化的辉煌；欣赏己略黄公祠木雕艺术的细腻富丽，感叹从熙公祠石雕艺术的巧夺天工，让我们明白潮汕文化之精巧；揭阳也一直专注于传统，如至今仍能感受到的三山国王祖庙的恢弘、普宁英歌的魅力；汕尾玄武山，至今仍然是潮汕人心中的圣地；而在汕头，一方面要对传统文化进行保护，要让潮阳精致的剪纸、迷人的笛套、澄海的动物舞蹈和雅致的灯谜等流传久远，另一方面还要承担起潮汕近现代以来文化的传承，特别是华侨文化的传扬。如今，澄海的红头船公园已经建起来了，陈慈黉故居也已经对外开放了，但是，其保护与开发的力度远远不足，更重要的是作为华侨文化的关键部分——泰国郑王墓的保护工作举步维艰。潮人华侨郑王达信在历史上是泰国威名远扬的吞武大帝，但在他的家乡所能获得的尊重远不及一个小庙的神灵。在潮汕文化的构成中，华侨文化是主要构成之一，是还未得到充分重视而又最应该被重视的一部分，郑王墓无疑是这一文化中一个非常有价值，需要我们去保护和弘扬的文化元素。近现代以来，代表潮汕文化新方向的是汕头的发展，以小公园为核心的骑楼建筑和这一带的老海关、码头、货仓等充分体现出了这种发展，但是，这些作为历史见证的东西损毁破坏严重，已经再难呈现出应有的历史价值了。

站在潮汕文化的立场上，已略黄公祠的保护不只是潮州的事，同样，汕头郑王墓和小公园的保护也不只是汕头的事。它们是潮汕文化传统的有机构成，是一个躯体的不同部分，如果因为区域的拆分而把文化也拆分了，那是潮汕文化的悲哀！

现在，作为引领潮汕文化发展方向的现实场景少之又少，潮汕需要建立诸如开埠博物馆、华侨博物馆、国际潮商大厦、信用博物馆、假货博物馆之类的能引领潮汕文化发展方向的生动活泼的现实场景。庆幸的是，现在开埠博物馆已经建成，国际潮商大厦在潮商与汕头政府的共同努力下，已提上议事日程。

（三）弘扬潮汕文化精神需要文化产业的推动

文化包括文化事业和文化产业，两者之间是相互促进、互为补充的关系。我们要弘扬的潮汕文化精神，是一种能够引领潮汕社会走向和谐的文化精神，是一种能够推动先进生产力发展的精神。因此，这种文化应能帮助潮汕建立起科学的产业结构，服务于先进的生产力。

高铁时代的到来，带来的是生活空间的重构，新的文化空间必将生成。因此，新的潮汕文化可以在依托于传统潮汕文化元素的基础上，实现产业化之路。

例如，关于饮食文化的发扬光大。传统的潮汕文化有很高的生活智慧，体现在饮食文化上的尤为突出。但是，一直以来，潮汕的饮食文化虽然声名远播，但作为一个产业并不发达。原因之一就在于与经济发达地区的距离太远，进行产业开发的难度较大。但是，厦深高铁即将开通，珠江三角洲与潮汕之间一两个小时的车程必将带来生活空间的重构，珠三角数百万潮汕人必然随着高铁涌入潮汕。高铁时代的到来，必将极大地激发以汕头为中心的潮汕生活服务业的发展，但这种发展的深度与广度又将取决于饮食文化的内涵的挖掘与政府的推动。潮汕人那种养生、绿色、天人合一的、优雅而智慧的饮食文化与精细的工艺结合起来，完全有条件将生活服务业做大做强，最大限度地推动饮食业的发展。但是这种发展需要前瞻意识和政府的大力推动，而这些正是潮汕文化的短处，这就需要各地方政府的引导与扶持。

（四）潮汕文化的扬弃需要特区汕头作出示范与贡献

从汕头城市文化诞生之日起，汕头作为一个城市文明的载体就充分体现出了自身的创新精神。在以后很长的一段历史时期，汕头的创新精神一直都没有停止，直到新中国成立后，汕头作为海防的前线，经济停滞，产业内迁。

经济特区的设立，使汕头再次成为引领潮汕人走向市场、走向现代化的引路者。汕头成为经济特区的30年，本应是这座城市创新激情再次迸发的时期，但是，由于这种机遇是在非常状态下出现的，潮汕人看到了政策的漏洞中潜在的巨大的利益空间。于是，他们充分利用了时空差、政策差和价格差，掠夺式地获取巨额利润。由于政府的引导不当，监督缺位，这种非常态的发展激发起了潮汕人文化中劣根性的一面，发展最终偏离正常轨道，受到国家的打击。但是，这些不是汕头这座城市所固有的东西，汕头这座城市固有的灵魂是勇于创新，需要我们去整理还原出来。汕头作为粤东区域中心城市，需要承担更多的文化改造的重任，特别是创新精神。特区之义在于创新，潮汕文化的出路也在于创新。

近几年来，植根于潮汕文化基础上的民营经济正在蓬勃发展，在文化科技领域，汕头已经取得很大的成绩，已经成为引领潮汕发展的旗帜。

以科技创新为例：2009年，全市获得科技成果67项，其中达到或超过国内先进水平的有61项。历年来，汕头每年获得的专利数量在广东省的地级市里一直排名前三位，大大超出汕头总体的经济排名。汕头的科技型企业大量涌现，现在已经拥有国家级高新企业86家，省级民营科技企业299家，民营科技企业649家，这些科技企业，支撑起了汕头数量众多的民营上市公司。目前，上市公司的数量在全省地级市中排名第一。此外，创意、设计相关产业相当发达。虽然在政府制度创新方面有所欠缺，但民间的创新仍然活跃，这些都是文化创造力的表现。

当前，整个潮汕地区都是以民营经济为主体，民营企业基本都是以传统产业为主，因此其出路在于科技改造，实现产业升级；民营企业大多天生有漏税的潜意识，要让企业与政府实现双赢，出路则在于

上市融资，这是既能使企业做大做强，又能有效提高政府财政收入的最有效手段。这些都是汕头特区于实践中得出来的经验，是值得潮汕各市学习借鉴的经验。

（五）必须搭建平台，建立国际潮汕人中心

潮商包括华侨和散居在国内各地的潮汕商人。他们是潮汕人的精英，其精神是潮汕文化的重要构成部分，是当代潮汕文化精神最有生命力的一部分。弘扬新时期的潮汕文化精神不能缺少这一部分，要让这种鲜活的精神成为潮汕人文精神的引领，需要我们去研究总结，需要搭建各种平台。汕头市已经率先成立了潮商研究会，下一步就是要建立国际潮商总部大厦，让四海为家的潮汕商人在潮汕本土找到一个温暖的家。目前，在汕头建立国际潮商总部基地的规划已经取得政府与商会组织的共识，希望在地方政府的努力下，国际潮商大厦能尽快建成。

后　记

《潮汕文化精神》即将付梓，细看，文中仍多有不足，深感学力之乏，以致文难达意。最为感慨的是积累之不足，我们在陈述观点时，常常难以找到最为典型的材料，一定程度上影响了文中观点的表达。特别是在搜集图片的过程中，那些最能反映潮汕文化精神的图片资料竟然那样难得！平素习以为常的图片，当真要去拍摄时才知道其来之不易。为了一张照片，摄影家黄勇哲先生常常要跑很远的地方，费尽心思取景、等待合适的光线！为了拍出能够反映汕头全景的照片，我们花了两个月的时间都没有找到合适的天气条件！幸运的是，我们得到了众多朋友的帮助，潮汕建筑大家蔡海松、美食大家张新民为我们提供了若干关于潮汕建筑和潮汕美食的照片，潮汕各地的很多朋友也纷纷慷慨帮助，或是协助拍摄，或是帮忙搜集。如果没有他们的帮助，就没有本书的顺利面世。此外，本书的出版还得到了郑嘉妮女士、周修东先生和徐泽龙先生的帮助，在此一并致谢！

陈晓东　适　庐

2011年4月